Cómo controlar
el mundo
desde tu sofá

Cómo controlar el mundo desde tu sofá

Utiliza tu intuición para realizar
todos tus sueños

LAURA DAY

ATRIA ESPAÑOL

Nueva York   Londres   Toronto   Sídney

ATRIA ESPAÑOL

Una división de Simon & Schuster, Inc.
1230 Avenue of the Americas
New York, NY 10020

Primera edición en rustica de Atria Español, diciembre 2010

ATRIA ESPAÑOL y su colofón son sellos editorials de Simon & Schuster, Inc.

Para obtener información respecto a descuentos especiales en ventas al por mayor, diríjase a Simon & Schuster Special Sales al 1-866-506-1949 o a la siguiente dirección electrónica: business@simonandschuster.com.

La Oficina de Oradores (Speakers Bureau) de Simon & Schuster puede presentar autores en cualquiera de sus eventos en vivo. Para más información o para hacer una reservación para un evento, llame al Speakers Bureau de Simon & Schuster, 1-866-248-3049 o visite nuestra página web en www.simonspeakers.com.

Diseñado por Kyoko Watanabe
Impreso en los Estados Unidos de América

10 9 8 7 6 5 4 3 2 1

The Library of Congress has cataloged the Spanish ebook as follows:

Day, Laura.
   [How to rule the world from your couch. Spanish]
   Cómo controlar el mundo desde tu sofá : utiliza tu intuición para realizar todos tus sueños / por Laura Day.
      p. cm.
   Includes bibliographical references and index. (alk. paper)
   1. Intuition. 2. Success. I. Title.
   BF315.5.D38818 2010
   158—dc22   2010015519

ISBN 978-1-4391-3877-9

A Samson
Mi luz
Mi felicidad
Mi SOL

Tabla de contenido

Tabla de contenido

Tabla de contenido

Introducción

En este sorprendente libro, Laura Day nos ayuda a descubrir destrezas que todos tenemos pero que rara vez utilizamos porque no se adaptan a los paradigmas que rigen nuestro mundo. Laura toma estas destrezas y nos las presenta dentro de un marco que se adapta mejor a nuestros modelos de pensamiento y resulta fácil de entender.

Cuando se produce un cambio de paradigma, la realidad del mundo que nos rodea cambia muy poco, o no cambia en absoluto. Lo que cambia de forma tan dramática esa realidad es el ángulo desde donde la percibimos, y eso hace que nuestra mente y nuestra vida tomen un nuevo camino. Como cuando se observa una imagen que tiene algo escondido en su interior —una vez revelado lo que estaba escondido será imposible ignorarlo.

Como médico, cirujano y profesor, al igual que mis colegas, utilizo la intuición día tras día. A veces examinamos un paciente y, aunque todos los parámetros "objetivos" parecen estar perfectamente bien, sabemos que hay algo que está muy mal y no nos damos por vencidos hasta que lo diagnostiquemos. Este "conocimiento", nuestra intuición, es lo que tratamos de enseñar.

No nos atrevemos a admitirlo; podemos darle otros nombres, pero todos sabemos que está ahí —si no fuera así, podría enseñarse medicina basándose únicamente en libros y computadoras y no requeriríamos "experiencia práctica". Esta experiencia es la aplicación repetitiva de la *totalidad* de nuestro conocimiento —nuestro intelecto *y* nuestra intuición— a la práctica de la medicina.

Laura es prueba viviente de que se puede controlar el mundo desde el sofá; literalmente, ella vive así. El gran sofá cerca de su cocina es tanto su pequeño reino como su trono, desde donde gobierna su mundo. Es un reducto seguro para muchos y un lugar de gran sabiduría. En este libro, escrito principalmente desde ese sofá, encontrará métodos prácticos y fáciles de aprender para convertir su mundo en una creación plena, vívida y hermosa como la que realmente merece.

Dr. Amir Szold
Cirujano, profesor y experto en artes marciales chinas

Una nota de bienvenida

Las destrezas que aprenderás en este libro son potentes y pueden cambiar tu vida. Como maestra las he visto crear rápidamente (no dije "fácilmente") el éxito, la salud y la abundancia y obrar cambios milagrosos en las vidas de muchos. Ahora me enorgullece decir que vivo en el mundo que estás a punto de conocer y explorar. *Vivo* estas herramientas.

Hay una gran cantidad de ciencia, de evidencia real, tras las poderosas y sorprendentes habilidades que la intuición puede darnos —cosas y experiencias que tal vez nunca antes haya considerado posibles.

Para algunos será difícil creer que lo que digo que se puede lograr es realmente posible: se basarán en sus propios errores y los usarán como evidencia de que la intuición no funciona dando así por descontados sus éxitos. Es aquí donde entra en juego la perseverancia. A medida que avances por cada capítulo, busca una forma de emplear las herramientas sin que se interpongan de una manera incómoda con tus creencias. Éste será un proceso continuo. Algunas de las cosas que te pediré que hagas podrán parecerte difíciles y confusas, y tal vez te hagan subir las defensas. Sé paciente: tu percepción se irá ampliando gradualmente, incluso más allá de lo que imaginaste posible. Recuerda que eres capaz de *cualquier cosa* y, con intuición, se puede producir un cambio positivo en un instante. Lo que en un momento te pareció un largo camino cuesta arriba puede convertirse en un enérgico y repentino salto adelante. Tus únicos límites son tus creencias, la forma como te has formado, tu falta de experiencia y las herramientas (que crees) que te faltan. Lo que espero es introducirte a la experiencia y a las herramientas necesarias, y que las guardes en los lugares más íntimos donde las puedas trabajar por tu cuenta, respetando tus creencias personales.

Cuando tenía veinte años, quería tener más de todo. Ahora que estoy en los cincuenta quiero comenzar a repartir mis tesoros; quiero más espacio en mi interior al empezar a considerar la segunda mitad de mi viaje. Solía sentirme muy orgullosa de mis refinadas destrezas intuitivas, sin embargo, ahora me siento aún más orgullosa de poder enseñártelas —es el regalo que te doy en mi cumpleaños número cincuenta.

Con amor, Laura

Cómo controlar
el mundo
desde tu sofá

CAPÍTULO 1

Visión general

Aquel a quien los antiguos llamaban experto en batalla, obtenía la victoria donde era fácil obtener victorias. Así, la batalla de un experto no es nunca una victoria excepcional, tampoco le merece la reputación de sabio ni el reconocimiento de su valor. Sus victorias en batalla son infalibles. Infalible significa que actúa donde la victoria es segura y conquista a un enemigo que ya ha sido vencido.

—SUN TZU

Cómo controlar el mundo desde tu sofá pretende ser una inspiración que te lleve a adquirir plena conciencia, pleno conocimiento, plena actividad, dinamismo y entusiasmo en todos los momentos de tu vida. Gran parte de esto lo puedes lograr en pijama, en total comodidad, desde cualquier lugar donde quieras estar y con las personas con las que desees compartir, a medida que avanzas por lo que todos conocemos como la "vida normal". La "vida normal" que deseas. No tienes que ser una persona llena de energía para alcanzar el éxito, para encontrar amor o para ganarte la vida. Hay herramientas, herramientas innatas, que te permiten levantar muchas de las cosas más pesadas sin que tus pies toquen jamás el piso.

Durante más de veinte años, he utilizado y enseñado estas herramientas para fortalecer empresas, para ayudar a algunos a encontrar amor, a sanar sus cuerpos, a comunicarse con sus seres queridos que están lejos, a hablar con sus hijos cuando estos no estaban dispuestos a escuchar, a tomar mejores decisiones para cambiar el futuro en el presente inmediato y para ayudar a otros a entender cómo crear sus propios sueños. Al comienzo, algunos de estos sueños parecían imposibles de lograr. Con base en retos como estos se desarrollaron las técnicas para crear resultados sorprendentes en menos tiempo y con menos esfuerzo. Como lo explicaré, la mayoría de las técnicas pueden comenzar a aplicarse desde el sofá —utilizando la capacidad del ser humano de servirse de cualquier lugar en donde viva para transmitir y recibir información y motivación a fin de construir una realidad que pueda compartir con los demás. En estas páginas se han recopilado experiencias de lo que funciona. Muchas de estas prácticas no encajarán en tu concepto de realidad. Ensáyalas primero y luego júzgalas. Los buenos científicos son siempre escépticos, pero no permiten que su escepticismo les impida comprometerse 100% con una hipótesis. Comprométete 100% durante uno sólo de los ejercicios y luego, como buen científico, documéntalo todo. Te sorprenderán los resultados que podrás crear.

Viviendo en una cultura de "expertos", como la nuestra, mi mayor placer consiste en convertir a los demás en sus propios expertos. Así podrás convertirte en un experto para tu familia, tus amigos, tu empresa y tu cultura. Disculpa el cliché pero, es un hecho que, unidos, podremos realmente crear un mundo mejor. Es un hecho que este mundo comienza realmente en tu experiencia como persona e individuo —en tu exclusivo poder y capacidad de crear el mundo que deseas. Cuando te des cuenta de lo fácil que es crear este mundo único, lo que experimentarás no será un deseo insaciable sino, más bien, una generosidad incontrolable.

Soy una introvertida. Aunque ya, después de vivir cincuenta años, me he entrenado para mostrarme tranquila y animada en público, estoy más a gusto y soy más productiva en mi sofá, rodeada de mi vida y mis seres queridos, donde, en mi propio dominio de paz, puedo orientar mi capacidad intuitiva para crear y dirigir los cambios que deseo y al mismo tiempo atraer todas aquellas cosas, personas, experiencias que quiero sin necesidad de salir al mundo. Ahora agradezco tener los dones y las destrezas que me permiten llevar una vida plena, colmada de amor, amigos, trabajo, esparcimiento, todo esto gracias, en gran medida, a lo que hago desde mi sofá. Ahora quiero transmitirte estas destrezas.

En mi primer libro, *Practical Intuition* (Intuición práctica) presenté técnicas prácticas para ayudar al lector a desarrollar sus capacidades intuitivas. En mis siguientes dos libros, *Practical Intuition for Success* y *Practical Intuition in Love* (Intuición práctica para el éxito e Intuición práctica para el amor), mostré a mis lectores cómo aplicar estas técnicas en sus vidas profesionales y románticas, mientras desarrollaban una variedad de destrezas intuitivas avanzadas como las de telepatía y la precognición. En *Cómo controlar el mundo desde tu sofá* presento y explico los distintos niveles en los que la intuición pura puede obrar y demostrar que son aplicables y reales —a pesar de que uno sólo esté simplemente ahí sentado (¡especialmente en esos casos!).

Quiero presentarte otro reto: ¿Has experimentado alguna vez, de forma totalmente visceral, en lo más profundo de tu ser, como si se tratara de una conversación directa, un pequeñísimo fragmento de información intuitivo, útil, increíble y sorprendentemente claro, que, sencillamente, podrías asegurar, por tu vida misma, que no sabes cómo explicar? ¿Alguna vez te has dado cuenta de que *sabes* algo no simplemente porque lo *supieras*, sino más bien porque lo *intuías*? Muchos de mis alumnos y de mis clientes (desde médicos, ingenieros y analistas de mercado a empresarios de todo tipo, científicos abogados y otros) han llegado a descubrir así la intuición en ellos —a través de algún destello inexplicable de comprensión, o tal vez porque algo que he dicho ha desencadenado esa reacción. Cualesquiera sean las circunstancias en las que esto suceda, cuando se explotan de la forma más pura, la intuición y la comprensión se convierten en el soplo de la vida. Tal vez mis clientes se mostraran escépticos al comienzo, pero como personas pragmáticas, no podían ignorar lo que habían experimentado por sí mismos. Creo que sabían, intuitivamente, que habían comenzado a explotar una nueva forma de navegación. Esta sensación nos lleva a querer saber más y tal vez fue incluso lo que los llevó a buscarme. Aunque tal vez sigan siendo escépticos, ¿sabes qué? Sea como sea, usan a diario, sus capacidades.

Sun Tzu, el antiguo sabio militar chino dijo: "Toda batalla se gana antes de lucharla" —y este sabio y profundo mensaje indica con exactitud de qué se trata. Entrar en combate sólo es efectivo cuando se usa la intuición para elaborar el mapa de ruta antes de iniciar el viaje, previendo y evitando obstáculos, alcanzando los hitos en el orden correcto, en el momento previsto y, siempre que sea posible, siguiendo la ruta escénica.

Vivimos en un mundo de actividad constante, siempre haciendo cosas, siempre en movimiento, siempre cumpliendo algún deber. La realidad es que tus éxitos más reales no provienen de lo que *hagas* sino más bien de qué tan preparado estés y de tu capacidad de recopilar con antelación la información necesaria. La parte de la acción es en realidad muy pequeña, y sólo tendrá éxito si se han echado los cimientos que te permitirán estar preparado para lo que haya que hacer. Todo está dispuesto. Tu único deber inmediato es ubicarte en la posición adecuada para recibirlo. Imagina que eres el más perfecto aparato receptor y trasmisor de radio, construido con la más novedosa tecnología. Puedes enviar y recibir todas las señales correctas —pero sólo si estás encendido.

Todo lo que aprenderás en este libro mejorará tus decisiones, fortalecerá tus relaciones, aumentará la efectividad de tus acciones y facilitará tu vida. Cada una de estas habilidades puede convertirse en parte esencial de todas las decisiones que tomes. Observarás que, a medida que perfecciones tu intuición, te involucrarás mucho más en tu mundo interior. Procura recordar que tu subconsciente puede utilizar tu intuición para castigarte, tanto como para intentar ayudarte. De ahí la importancia de ser tan consciente como sea posible de tu proceso y tu motivación, por lo que creo que es crítico que documentes tu trabajo. Recuerda que, a través de la intuición, tienes la capacidad de saber lo que va a ocurrir y cómo prepararte. Tu historia, tus patrones, tus áreas de autosabotaje, tus reacciones e inclusive tus creencias son lo que hace que elijas el camino difícil, que ignores lo obvio y que crees retos incómodos o incluso desastrosos. Piénsalo así: hasta en los países más devastados por la guerra hay personas que sobreviven y progresan y ayudan a que las demás también lo hagan —son los verdaderos intuitivos entre nosotros.

La meta de este libro es hacer que tanto yo, como otros libros similares a éste, se vuelvan obsoletos. A medida que avanzas por cada capítulo, verás que tu intuición empezará a presentarte una visión más nítida de tus metas y adquirirás una claridad mental más directa y potente. Tal como lo explicaré, la intuición misma te da el poder, te propone los interrogantes y te da las respuestas. Te da las herramientas para crear, cambiar y enseñar a otros, te da también la capacidad de aprender, de forma efectiva, de quienes te rodean. El problema principal, que aparentemente todos comparten, es la incapacidad de entender que esforzarse *menos* puede dar mejores resultados. Cuando digo "esforzarse", me refiero a la energía que gastamos en hacer lo que no toca, creando las capas de complejidad que (como seres humanos con psiquis complejas) tendemos a agregar (de forma inconsciente) a los distintos escenarios de nuestras vidas. Piénsalo: ¿Cómo es posible que agregar complejidad a una situación la haga más eficiente? Por eso no comparto la filosofía de que "lo que vale la pena cuesta" en relación con nuestra vida. Lo que nos cuesta toma tiempo, energía, recursos y atención. Espero que logres refinar tu intuición para simplificar, enriquecer y energizar tu vida a fin de que el logro de tus metas se convierta en parte orgánica de tu vida diaria.

El problema radica en que ni siquiera somos conscientes de que la mitad del tiempo estamos agregando complejidad a nuestras vidas, pero como podrás verlo, al aprender a tener acceso a nuestra intuición, podremos comenzar a disipar la niebla de estos retos autoimpuestos, así podremos aprender a simplificar lo complejo para encontrar el camino más corto y agradable entre nosotros y nuestras metas —sean cuales fueren.

Lo que ocurre es que la intuición es innata. Es parte del cableado del ser humano, hasta el punto de que los niños de dos años confían en ella para sobrevivir y hacer cosas increíbles, en gran parte porque aún no tienen acceso a cosas como el intelecto, la sabiduría o la experiencia. La intuición es tan sencilla que con sólo hacer los ejercicios que aparecen al comienzo de cada capítulo (hasta sin haber leído primero el capítulo), con el tiempo, algunos de los espacios vacíos comenzarán a llenarse con experiencias de primera mano. Yo, como tu guía durante este proceso, he creado y organizado un programa de experiencias y herramientas, dentro de los capítulos de este libro, para acelerar tu proceso subconsciente —pero lo he hecho con el único fin de ayudarte a acceder a tu intuición y permitir que ella asuma el control. Verás que, a medida que comienzas a dejar de *pensar* y empiezas realmente a *intuir*, tendrás más tiempo, más energía y, en términos generales, comenzarás a disfrutar de verdad este proceso y también tu vida, mientras vas creando éxitos sin dificultad.

En teoría, el proceso es muy directo y se explicará al comienzo de cada capítulo. El verdadero reto será aplicar estas técnicas en tu vida de forma efectiva, simplemente porque somos complejos y el mundo es complejo y porque lo que potencialmente eres *capaz* de hacer y lo que tu subconsciente, tus creencias, tus patrones *te permiten* hacer son dos cosas totalmente distintas. Parte del trabajo de este libro será darte una experiencia directa de lo que es la intuición para que ésta tenga un efecto verificable y palpable en tu vida. Lo hará ayudándote a hacer las preguntas adecuadas e introduciéndote en prácticas efectivas que contribuyan a que estas simples capacidades innatas cobren vida. En *tu* vida.

Mi objetivo es que los consejos que he escrito en este libro puedan confirmarse una vez aplicados. Te daré un ejemplo: el mejor alumno principiante que jamás haya tenido me dijo que no creía en la intuición. Asistió a mi taller como un favor para su esposa y se llevó el susto de su vida, cuando, antes de que hubieran pasado treinta minutos, obtuvo información detallada y precisa acerca de alguien que nunca había visto, sólo por sostener en la mano un sobre sellado que contenía el nombre de esa persona.

Si puedo brindarles a mis alumnos una conclusión, será esta: *no compliquen la intuición*. Sólo practiquen la forma de acceder a ella, documenten el proceso y ella sola se encargará del resto. No se preocupen por hacerlo bien. No hay una forma correcta. Comenzaré con algunos ejercicios más bien amplios, no lineales al principio de cada capítulo e iremos entrando en más detalles a medida que el capítulo avanza. Es posible que mis detalles te parezcan innecesarios. Verás que si practicas con constancia los ejercicios de cada capítulo, irás encontrando tu propia forma de hacerlos con mucha naturalidad.

Normalmente, los autores de libros de autoayuda tienen una poderosa visión intuitiva porque se vieron obligados a desarrollar esta capacidad para sobrevivir. La supervivencia es un potente motivador. Recuerdo cuando tenía nueve años; mis padres se habían separado y mi madre estaba en coma en un hospital. No me permitían entrar a la unidad de cuidado intensivo. Increíble como parezca, a mi padre sólo le avisaron varios días después y mi abuela, quien no soportaba el hospital público, se había ido a casa. Estaba esencialmente sola, sentada afuera de la unidad de cuidado intensivo, invitando a los indigentes a café y golosinas de una máquina dispensadora para mantenerme distraída.

Me "comunicaba" con mi madre de la única forma que sabía: le enviaba mi energía en la forma de aliento, pensamientos, sentimientos, imágenes y recuerdos —y de esta forma la volvía a acercar a mí. Le podía decir con todos mis sentidos que la necesitaba y le rogaba que viviera. Al hacerlo podía experimentar su cuerpo. Podía sentir cómo mi atención iba haciendo cosas dentro de ella para componerla. Algunas de las cosas que "veía" me confundían. Tenía un agujero en su cuello, salían tubos de sus brazos y se le estaban formando escaras en las nalgas, en los hombros y en las piernas. En realidad no había visto a mi madre ni había recibido información alguna sobre ella excepto que estaba en cuidados intensivos; sin embargo, de alguna forma concreta, sin esfuerzo, en lo más profundo de mi ser, sabía que esas eran sus circunstancias y veía toda la realidad de lo que podrían significar.

Alguien me vio deambulando por los corredores y envió a un capellán a que hablara conmigo. Yo no quería oír lo que sabía que él iba a decir. Comenzó, "El cerebro de tu madre está muy dañado y es poco probable que se despierte. Si llegara a despertar no volvería a ser nunca la misma persona que conociste". Para que dejara de hablar y yo no me pusiera a llorar, le hice preguntas sobre las cosas que "veía". Le pregunté acerca de los tubos, las escaras y las máquinas que había visto con el ojo de mi mente. Me respondió en tono calmado y luego se quedó viéndome y dijo que era injusto que me hubieran dejado entrar a la unidad de cuidados intensivos (UCI). Lo corregí y le expliqué que no había estado en la UCI. Me preguntó cómo había visto todas estas cosas si no había estado allí. No supe qué responder; sólo sabía que mi intuición era correcta.

También la sentía y la oía y veía su futuro. Sabía que, en esta oportunidad, viviría y se recuperaría plenamente (como en realidad lo hizo), pero también sabía que no la tendría para siempre. ¿Tenía yo la madurez emocional para entender toda esta información? No. Pero lo que podía entender intuitiva-mente me ayudó a ayudarla a sobrevivir y me dio información suficiente para prepararme para su suicidio unos años después (afortunadamente, no vi el panorama completo, porque hubiera quedado devastada). De ahí en adelante, durante unos años, seguí llenándome de ella y atesorando cada momento. También, durante unos años, permanecí con mi "vista" tan fija en ella que mi intuición se fue agudizando y perfeccionando cada vez más (cómo era mi madre, qué hacía, qué podría yo hacer para facilitar las cosas). El día que ella murió, estaba en Kansas (con sus padres, después del divorcio) y yo estaba en Filadelfia con una amiga en un torneo de tenis de mesa. Como niña que era, no tenía información suficiente para saber cómo llamar a la policía allí, en una ciudad desconocida, como sí lo hubiera podido hacer en Nueva York al sentir que algo malo le estaba ocurriendo a mi madre. Llamé a mis parientes en ese lugar (desde un teléfono público, utilizando el poco dinero que tenía) y no encontré a nadie en casa. Estuve extremadamente preocupada toda la tarde y al volver a Nueva York, por la noche, mi padre me contó que mi madre había muerto.

Ahora bien, ¿me dijo mi intuición que mi madre estaba muriendo? No. Eso habría sido demasiada información para que mi subconsciente la pudiera manejar. Mi intuición me dijo que algo podría estar mal y sentí que necesitaba intentar averiguar qué pasaba.

Uno nunca ve más de lo que puede soportar, aunque sea correcto. Es por eso que hay que trabajar constantemente en el investirse de poder a sí mismo para saber que se tiene la capacidad y las herramientas para sobrevivir y progresar, aun cuando lo que uno "ve" sea inicialmente devastador. Las buenas noticias son que la intuición funciona con la misma efectividad durante una experiencia positiva (y en crear esa experiencia también). He dedicado décadas a aprender cómo descubrir esta sorprendente herramienta en sus diferentes iteraciones y posibilidades, de forma que pueda utilizarse naturalmente en la vida diaria —y no sólo cuando se trata de hechos cumplidos.

Uno de los aspectos más importantes de entender la intuición es que viene en una variedad de capacidades perceptivas relacionadas pero diferentes que utilizamos aleatoriamente —y por lo general de forma inconsciente— todo el tiempo, que incluyen:

• **Recopilar información:** los destellos de comprensión interior que se obtienen sin el uso de fuentes de información tradicionales.

• **La capacidad de servir de médium:** la capacidad de convertirse en alguien o en algo diferente a uno, con todos nuestros sentidos y percepciones, y experimentar un mundo desde esa perspectiva, permitiéndonos actuar desde *el interior* de una persona o una situación —que, para este propósito, llamaremos un "objetivo"— y experimentar directamente esa perspectiva. Cuando experimentamos algo a través de esta capacidad de servir de médium nos damos cuenta de las sutilezas que sólo se pueden percibir al ver las cosas de adentro hacia afuera. Lo que se pierde en la propia perspectiva se gana en la experiencia y la opinión de nuestro objetivo. Entendemos, en detalle subjetivo, una comprensión evolutiva de nuestro objetivo como *él mismo* —cómo decide su objetivo moverse y cambiar, cuáles pueden ser sus sesgos, sus necesidades, sus perturbaciones y su historia— y comenzamos a ver cómo todos estos datos que viven en su conciencia pueden servir para guiar su comportamiento. Cuando mis alumnos realizan por primera vez una experiencia de servir de médium con una pareja, quedan absolutamente sorprendidos por la enorme diferencia entre esas experiencias internas (personales) y sus experiencias externas. Comienzan a entender el significado de la recanalización de su enfoque cuando presencian la forma como personas, aparentemente amables, se enfurecen durante la experien-

13

cia de servir de médium o cómo individuos irritables se muestran calmados al servir de médium.

• **La telepatía:** la capacidad de enviar y recibir información a distancia, que nos permite sostener un diálogo completo e ilimitado con el entorno y las personas que lo ocupan. Esta habilidad vital nos ayuda a negociar, entender, atraer, convencer y estar presentes, aún a distancia. Si la telepatía es algo demasiado "lejano" para ti, piensa en ella simplemente como una forma de "mensajería" positiva: tus pensamientos y tu enfoque se convierten en mensajeros vitales de cualquier cosa o de cualquier persona en la que desees influir.

• **La telepatía de calor corporal:** la capacidad de conectarse física y emocionalmente con otra persona a distancia.

• **Visualización remota:** la capacidad de percibir un lugar físico o una persona a distancia, lo que permite experimentar cómo se estructura una persona o una situación y cómo cambiar esa estructura en la forma deseada. Aunque la visualización remota puede hacer que perdamos algunos de los detalles que podríamos obtener con otras modalidades, como la intuición o el servir de médium, nos da el diagrama en contexto, lo que, en muchos casos, es precisamente la información que requerimos. Los detalles pueden ser a veces engañosos, como ocurre con la perspectiva, si los tomamos fuera de contexto. La visualización remota nos muestra el encuadre, junto con las influencias y las circunstancias relevantes.

- **La precognición:** la capacidad de hacer avanzar o retroceder a una persona o una situación en el tiempo y experimentar con precisión lo que ocurrirá, lo que nos permite utilizar todas las capacidades ya descritas para predecir posibles resultados con cierto grado de precisión y realizar cambios que crearán el mejor escenario posible.

- **Sanación:** la transferencia remota de energía para producir una influencia deseada en la situación de una persona. Se puede efectuar una sanación de casi cualquier cosa —hasta el punto de poder dirigir su energía a lograr que arranque el motor de tu automóvil que está varado. Al realizar una sanación, tu objetivo primordial no es obtener datos sino centrarte en un resultado y hacer acopio de todos los recursos para crearlo. La sanación usa todos los radios de tu sombrilla intuitiva, con el fin de crear cambios en el mundo físico. Cuando se hace una sanación, es posible que se tenga menos conciencia de la información con la que estamos trabajando, o que ésta se ignore por completo. Lo que se pretende es imponer un resultado, una dinámica energética específica en uno mismo, en otra persona o en una situación. La sanación requiere una especie de enfoque singular que es lo contrario del modelo de "hacer una pregunta y permitir que entre la periferia", como lo analizaremos en el próximo capítulo. Sin embargo, podrás ver que, al hacer una sanación, la periferia de tu atención te dará mucha información intuitiva acerca de tu objetivo y de cómo crearlo.

  Como ejecutor, podrás realizar una sanación sin reportar directamente a tu sujeto la información que recibes. Sin embargo, te encontrarás negociando, todo el tiempo, en forma telepática, con el sujeto. Cuando tu propio cuerpo sea el sujeto de sanación, conviene utilizar un sistema de saludo y bienvenida conocido como "dialogo de síntomas" para separar el problema o la enfermedad de ti misma, y así tener la capacidad de avanzar hacia la sanación. En esta evaluación personal, pones delante de ti todos tus indicadores físicos, tus planos para el cambio. Sólo recuerda que el objetivo de cualquier tipo de sanación es lograr un cambio en algo para llegar a un estado de funcionamiento deseado.

A fin de aprender a utilizar estas destrezas de manera efectiva, nos ocuparemos de cada una por separado. Comenzaremos con la intuición, dado que es la base de todas las demás destrezas. Después podrás pasar libremente a cualquier otra capacidad. Lo lindo de la intuición es que a medida que trabajas cada capítulo, irás detectando mejoría en el área de tu vida donde uses más (así sea de forma inconsciente) esa destreza en particular.

Creo que es importante conocer cada uno de los radios individuales de la rueda de la intuición como si se tratara de una capacidad única e individual para así poderlos utilizar como forma de identificar la información entre unos y otros y perfeccionar cada destreza para alcanzar un proceso total más preciso. La realidad es que casi todos dependen de una sola destreza a la vez, excluyendo prácticamente todas las demás y, a veces, llegamos a definirnos por una muleta —que, a su vez, nos incapacita para integrar el todo en nuestras capacidades intuitivas en su más plena expresión. Por ejemplo, puedes empezar a darte cuenta de que debes esforzarte en ser menos remoto o en dejarte influir menos por lo que piensan los demás. O tal vez te des cuenta de que estás abusando de la capacidad de servir de médium porque cada vez que estás con alguien, sientes que sus necesidades son las tuyas. Es posible que te involucres demasiado en percibir los pensamientos de los demás o lo que ocurre a distancia o lo que sucederá en el futuro, como para poder mantenerte firme en el presente, donde puedas planear y ejecutar lo que necesitas para ser completo, exitoso y útil. Tus capacidades intuitivas son sentidos que deben regularse, dirigirse y manejarse como cualquier otro sentido, porque el poder de la intuición es tal que puede salirse de control e inclusive llegar a actuar en tu contra. Sentir que la opinión de otro es la tuya propia es algo confuso, y reaccionar a lo que las personas piensan o hacen sin estar consciente de aquello a lo que *estás* reaccionando puede ser desastroso.

A medida que refines tus destrezas intuitivas también irás realizando cambios oportunos y útiles en la forma como percibes el mundo y como actúas en él.

Entonces, ¿cómo sabemos que tenemos estas capacidades? La respuesta es simple: *la necesidad*. Las necesitamos, intuitivamente recurrimos a ellas ya sea que nos demos cuenta o no. El don de esa necesidad insoportable es tal que quienes han sufrido una pérdida, en especial durante la niñez, están especialmente dotados de formas inusuales. Lo inimaginable te obliga a buscar herramientas que ni siquiera sabías que existieran, que jamás habrías podido concebir, y te permite usarlas para crear seguridad y armonía.

Sin embargo, si estás trabajando por fuera de los parámetros de una necesidad extrema, es importante estar siempre consciente de tu campo de control, de sus límites, de lo que hay más allá de ellos y de lo que escapa a nuestro control. (Esto me hace recordar la oración de la serenidad del teólogo Reinhold Niebuhr: "Dios concédeme la serenidad de aceptar las cosas que no puedo cambiar, el valor de cambiar las cosas que puedo y la sabiduría de distinguir entre ellas"). Así puedes utilizar con prudencia tu energía. Queremos que la intuición sea la herramienta más confiable posible y para lograrlo tienes que tener el sentido de las cosas en las que puedes influir o de aquellas que puedes crear con mayor facilidad.

Utilizaré mucho en este libro el término *efectivo*. Cuando eres efectiva en mantenerte sana, tener relaciones dinámicas, crear fortuna suficiente, manejar tu día, tu semana, tu año, tu vida, tienes más tiempo para experimentar el lado positivo de estar viva.

La depresión es un fenómeno rampante en nuestra sociedad y, por lo general, se debe a que tenemos demasiado que hacer y no tenemos tiempo suficiente para hacerlo. Nunca nos sentimos completos. Siempre hay algo que falta, algo que no está bien. Cuando tus necesidades, tus sueños y tus metas no se cumplen porque estás exhausta y, por lo tanto, no tienes la efectividad necesaria, podrías sentirte abrumada o, a mi manera de pensar, podrías decidir vivir con mayor efectividad. Recibimos tantos "insumos" de los medios de comunicación (como algo adicional a la influencia de nuestra historia, nuestros padres, nuestro grupo de amigos y la comunidad) acerca de lo que deberíamos desear o de lo que deberíamos ser, que todo esto nos distrae de lograr lo que realmente queremos, creemos y valoramos. Cuando nos concentramos en nuestro interior y sabemos lo que realmente valoramos y queremos, lo obtenemos. No puedes moverte en cien direcciones a la vez y tener éxito, pero sí puedes moverte en una sola dirección integrada y potente y satisfacer de forma efectiva cien necesidades. Cuando reúnes todas esas destrezas intuitivas, eso será exactamente lo que harás. Tu salud ayudará en tu relación, creará placer, creará fortuna, creará comunidad, creará...

No importa dónde comiences, la intuición tiene el potencial de ser una cadena circular positiva y de progreso, una en donde puedes ingresar de un salto en cualquier punto en el que lo desees.

La intuición te permite experimentar el mundo y a ti mismo en su totalidad. Tus acciones (cuando están guiadas por los varios reinos de tu intuición) se hacen conmensurables con tus destrezas, tus destrezas encuentran entonces la información para mejorar y comenzarás a tomar decisiones y crear y alcanzar metas. Ganarás tiempo al predecir y evitar errores, mientras la intuición trabaja en tu pasado para crear un presente más feliz y más funcional, ubicándote en la posición adecuada para alcanzar un futuro más pacífico —todas tus partes individuales actúan al unísono para beneficio del todo.

¿Qué es exactamente ese "todo"? El todo se compone de tu vida interior y tus capacidades; de tu vida exterior y tus logros; de tu vida interpersonal, pasada, presente y futura; y de tu vida en comunidad, o de quién eres en el mundo y de cuánto poder tienes para afectarlo. Claro está que esto es mucho decir para describir la totalidad de la condición humana, pero si procuras entender e integrar la esencia de ser, podrás comenzar a verla como una forma casi fácil, una experiencia agradable y consciente de vivir la vida.

Piensa en tu vida como el tablero de juego para este libro.

También te animo a que consideres que cada técnica es aplicable a tu negocio, a tus clientes, a tus relaciones y a todas las partes de tu existencia. En cada capítulo incluyo lenguaje y ejercicios para convencer a tu familia, a tus colegas y a tus amigos de que utilicen también su propia intuición. He incluido además ejercicios en grupo para aquellos de ustedes que deseen enseñar estas técnicas o experimentarlas en los programas de capacitación de tu empresa, o también como "iniciaciones" que sirvan para romper el hielo al comenzar una clase, durante reuniones de capacitación en las tardes, o experiencias comunitarias. La intuición es una forma poderosa de demostrar lo útiles que somos los unos para los otros.

Recuerda que los ejercicios tienen como objetivo enseñarte (a través de la experiencia) cómo integrar en tu vida las destrezas intuitivas que aprendes en cada uno de estos capítulos, hasta que se conviertan en algo natural para ti. Ya sé que la vida exige muchas cosas. Sin embargo, se requerirá un poco de práctica cada día para que puedas conectarte al flujo de la intuición, y cuando lo hagas, te garantizo que te alegrarás de haberlo hecho. He incluido ejercicios que puedes estructurar fácilmente en cada uno de tus días para que tus pensamientos y tus acciones sean más efectivos. Espero que mis sugerencias ayuden a perfeccionar tu práctica y que los resultados positivos de tu experiencia te animen a utilizar más tu intuición. Tu práctica se convertirá en tu proceso. Además, los ejercicios se han estructurado para ayudarte a resolver problemas propios y problemas de tu vida que pueden interferir con tu éxito.

Si deseas controlar el mundo desde tu sofá, tendré que indicarte algunas experiencias y algunos obstáculos que podrás encontrar en tu camino para integrar este libro y estas destrezas a tu vida. Si tomas conciencia de estos riesgos inminentes, te será más fácil evitarlos. La conciencia es, en sí misma, una poderosa herramienta. En el momento en que eres consciente, ya habrás empezado a relacionarte con el mundo de una forma diferente.

Estas son las diez formas principales de convertirte en tu propio obstáculo para iniciar tu camino:

1. No tomar notas.

2. Tratar de recordar cada una de las palabras de las instrucciones en lugar de limitarte a experimentar el proceso.

3. No hacer los ejercicios.

4. No aplicar los ejercicios a alguna meta específica en tu vida.

5. Entretenerte en debates mentales conmigo acerca de la teoría en lugar de ponerla en práctica.

6. Evaluar la utilidad de lo que estás aprendiendo antes de haberlo aprendido.

7. Buscar retroalimentación y validación inmediata de tus capacidades en los demás.

8. No verificar la información que te ofrece tu intuición.

9. Juzgarte y juzgar tu capacidad mientras trabajas en desarrollarla.

10. No conocer tus metas.

Tendemos a ser nuestro peor enemigo, y esto inevitablemente nos cierra y nos anula la capacidad de utilizar nuestras destrezas intuitivas innatas más básicas. Tenemos metas subconscientes que promueven nuestros errores, crean problemas, causan dolor y un sentido de fracaso total. Trabajamos contra nosotros mismos, nadando contra corriente, esforzándonos por llegar al primer lugar sin alcanzarlo. Los ejercicios que hagas y el cuaderno personal de trabajo que vayas desarrollando serán tus constantes herramientas para entrenar tu atención y sanar aquellas partes de tu ser que bloquean la información intuitiva precisa y te causan dolor.

Una advertencia en cuanto al abuso o al malentendido relacionado a la intuición: no te dejes llevar creyendo que la intuición es la forma de obtener todos tus deseos de inmediato. En realidad, hay que ir desarrollando las cosas, hay que tomar el curso de acción necesario en cualquier escenario y no utilizar la intuición como una excusa para el ocio y la autodecepción. Mi punto es que no debes esperar que la intuición resuelva tus problemas. Tu proceso debe convertirse en una progresión activa y comprometida, de práctica personal y corazón abierto, con la que emprenderás un viaje que no se diferencia mucho de la vida misma. No mistifiques ni romantices la intuición —no más de lo que lo harías con tus sentidos de olfato o audición.

Si vives la vida como un juego de azar, no tienes que ser intuitivo para saber que en algún momento vas a perder. Así funcionan las matemáticas. La vida es un juego interactivo de ruleta, pero la intuición te da una ventaja. El truco está en que tienes que utilizarla para que funcione. Toma acción y ten valor al dirigirte a esas partes tuyas, a tus expectativas y a tus ilusiones que bloquean tu progreso. Rara vez he encontrado a alguien que por fantástico que piense que es, sepa que tan fantástica es en *realidad*. Tienes mucha más capacidad de la que crees. Aunque pienses que tu vida es mucho más difícil que la de los demás, aunque pienses que eres extremadamente exitoso, no puedes imaginar, de veras imaginar, ser todo lo que puedes ser. Sin embargo, la intuición puede mostrarte la realidad de todo lo que puedes ser y guiarte por el camino que te lleve allí mientras que aún te quede tiempo para leer el periódico y disfrutar un agradable desayuno.

¿Qué pasa si, en términos metafóricos, tu sofá no es perfecto? ¿Qué pasa si tu vida, tus relaciones, tu negocio y tu mente son un absoluto desorden? Te digo que *aún* puedes controlar el mundo, pero tienes que empezar, sencillamente, con la primera meta, tal vez comprando un mejor sofá, o un banquito para apoyar los pies, o cualquier cosa que el espacio o la seguridad y el éxito representen para ti. Tienes que ser consciente de que el orden, la disciplina y la integridad serán necesarios para cualquier resultado consistente que valga la pena. Ni siquiera tienes que tener fe cuando tengas un proceso efectivo que puedas seguir sin falla. Ese proceso será distinto para cada persona, según las preferencias, las necesidades, la personalidad y las metas. Seas quien seas, en cualquier etapa de tu vida, siempre podrás controlar el mundo desde tu sofá —o desde cualquier otro lugar en donde te sientas cómodo.

He podido ver con frecuencia que lo que la gente busca es un gurú, y es posible que esto se deba a que estamos condicionados a obedecer y a aceptar las percepciones del mundo que tienen los demás y lo que los demás creen que es correcto, moral o la mejor forma de hacer las cosas. Lo cierto es que todos tienen acceso a sus propias respuestas, sus propios recursos y su propia verdad.

No hay secretos ni expertos. Cuando se utiliza la intuición, uno es su propio gurú.

Lo más importante, aunque no logres nada más es que, por favor, no dejes de divertirte con este libro. Aunque se trata de herramientas potentes que deben utilizarse con responsabilidad, te ponen en contacto directo con esa parte de ti que está viva en el mundo, determinando tu propio curso de progreso, abriendo tu propio camino.

Nota sobre los aciertos rápidos

Al principio de cada capítulo, te pido que sigas el proceso que te mostrará cómo aplicar la destreza de cada capítulo en tu vida diaria. El propósito de estos ejercicios es ponerte en una situación donde hagas algo sin entenderlo muy bien. Estos ejercicios aprovecharán tu capacidad innata de utilizar la destreza de ese capítulo y comenzarás a desarrollar tu propio proceso único de acceder intuitivamente a los datos. Haz lo que sea que entiendas y hazlo pronto, sin pensarlo demasiado. Te sentirás desequilibrado, confuso e inseguro. La intuición no es un proceso lineal, pero tú has sido educado en un entorno lineal.

Estos "aciertos rápidos" son una capacitación muy importante para reportar tus datos antes de entenderlos y evaluarlos. Las explicaciones vendrán después. Recuerda que no se pretende que la intuición sea un proceso largo y complejo. Está diseñada por la evolución para darnos herramientas inmediatas, precisas y efectivas. Aunque tal vez al principio no entiendas la forma como funcionan los aciertos rápidos, una vez que los hayas practicado, habrás esbozado intuitivamente un proceso propio que, para cuando termine el capítulo, podrás entender.

Nota sobre el cuaderno de apuntes personales

Tal vez quieras extraer los ejercicios perfectos de distintos capítulos para establecer tu propia rutina diaria. Te animo a que crees un cuaderno de notas personal, exclusivamente tuyo con las necesidades de tu vida, que puede convertirse en una plantilla personal para que documentes tus experiencias. Siéntete en total libertad de ser creativo en cuanto a cuándo y cómo utilizar los ejercicios, consciente de que la simple acción de entrar en este dominio te permite el acceso al punto donde la conciencia total se encuentra con la inconsciencia y comenzar así el viaje que te llevará a conocer tu verdadero yo.

Si estás utilizando este libro para negocios o para otro objetivo específico, te ayudará encontrar tu poder interior que te lleve a descubrir las respuestas en el mundo que te rodea para crear el éxito. La intuición te irá ayudando a elaborar un mapa que te hará alcanzar las metas que deseas lograr. Entre más detallado sea el mapa, más fácil será el viaje, y la intuición, si se utiliza debidamente, te dará una gran cantidad de detalles acerca del camino que debes seguir. Recuerda que a medida que vas documentando todas tus percepciones, tienes que estar dispuesta a arriesgarte a "equivocarte" para tener el detalle verificable que compruebe que lo estás haciendo bien.

Gracias a la intuición, he salvado miles de veces mi pellejo. Cuando me ha faltado claridad, inteligencia, convicción o inclusive el sentido común para encontrar mi camino, la intuición me ha guiado, con los ojos cerrados, hacia un lugar seguro. Al igual que muchos de ustedes, a veces me resulta difícil regresar a considerar las muchas situaciones desesperadas a las que he llegado por mi propia cuenta. Con inmensa gratitud agradezco ese conocimiento instantáneo, ese empujón que me empuja en la dirección correcta: esos momentos a los que he llegado "por accidente" a unos brazos amorosos cuando en realidad me dirigía hacia una pared o tropezaba con la olla de oro, justo en el momento adecuado para salvarme. La vida está llena de milagros, es algo que he aprendido en el curso de mis cincuenta años, pero no nos suceden a nosotros, somos nosotros quienes los creamos. Vivimos en un universo interconectado, y cuando nos internamos en su trama como es debido, vivimos en la abundancia y en comunidad. El dolor duele. Ya sea que tu empresa se esté viniendo abajo o que tu familia esté a punto de deshacerse, que tu salud no esté bien o que tu soledad sea una carga —todo dolor duele. Cualquier dolor es intolerable. El hecho de que nos volvamos tolerantes al dolor no es nada bueno. A través de este proceso único de sanación, quiero ser un bálsamo para ti.

He tenido el honor de entrenar a tantas personas diferentes, desde cirujanos, ingenieros, psicólogos y estudiantes universitarios que necesitan una orientación clara, a maestros, futuros autores y artistas. Una vez capacitados, saben que pueden hacer esas cosas en las que no creían el día anterior o que ni siquiera intentaban hacer. Sin embargo, durante muchos años, tanto mis alumnos como las empresas en las que imparto esta capacitación me han pedido que les explique los pasos intuitivos lineales: el uno, dos, tres de utilizar las destrezas intuitivas. Yo les he dicho en tono de queja que la intuición —ese destello instantáneo de conocimiento, ese impulso en la dirección correcta contra cualquier lógica, ese caer de una moneda que nos salva el día o ese milagro omnipresente que deja todas las cosas como deben ser— *no es* lineal, pero no soy nada a menos que sea alguien que desee desesperadamente darle a los demás lo que me piden. Por lo tanto, aquí lo explico. Este es mi estuche de herramientas para el uso diario de la intuición en nuestra vida y en nuestros negocios.

CAPÍTULO 2

Recopilación de información

La intuición es el concepto inmediato y claro del todo.

—JOHANN KASPAR LAVATER

NOTAS

Ejercicio de acierto rápido para recopilar información

1. Conoce tu pregunta.

2. No te centres en la pregunta.

3. Permite que tu enfoque sea cada vez más profundo dentro de tu ser. A esto lo llamaremos tu centro.

4. Respira profundo y amplía ese centro hacia afuera hasta que llegue a tu piel. ¿Qué detectan tus sentidos? ¿Qué percibes, qué sabes, qué ves, qué sientes, qué oyes, qué recuerdas, qué gusto sientes y qué hueles? ¿A dónde se centra tu atención?

5. Respira profundo y expande el centro hacia afuera más allá de tu piel, hacia afuera a todo lo que puedes percibir a tu alrededor. ¿Qué detectan tus sentidos? ¿Qué percibes, qué sabes, qué ves, qué sientes, qué oyes, qué recuerdas, qué gusto sientes y qué hueles? ¿A dónde se centra tu atención?

6. Respira profundo y amplía ese centro hacia afuera, hacia donde quiera llegar. ¿Qué detectan tus sentidos? ¿Qué percibes, qué sabes, qué ves, qué sientes, qué oyes, qué recuerdas, qué gusto sientes y qué hueles? ¿A dónde se centra tu atención?

7. Toma nota de dónde se centra tu atención en cada una de estas experiencias.

8. Tienes la información que requieres para formular tu respuesta.

No te preocupes de si entiendes para qué se diseñó el sistema aquí explicado de aciertos rápidos. Por ahora basta con que experimentes el ejercicio.

Lo que experimentaste en el acierto rápido

¿Qué acabas de hacer? Definiste un objetivo, un blanco, un punto al que tiene que llegar directamente toda tu información. Después tuviste que centrarte en tu objetivo. ¿Por qué? Lo explicaré. Mira cualquier cosa que esté a 60 centímetros de distancia y mantén la vista fija en ella. En unos momentos, empezarás a notar que se produce una distorsión. Tú sabes lo que supuestamente estás mirando, pero llega un momento en el que ya no la puedes ver. Lo mismo ocurre con tu objetivo. Tú información se encuentra realmente en la periferia de tu atención y se almacena a medida que se recopila, principalmente en tu subconsciente. Una vez que tienes tu objetivo, éste se almacena en tu memoria, lo que toma menos de un segundo. Así se liberan tus sentidos para ampliar sus percepciones a otros elementos que tienen un efecto en el objetivo, y que se encuentran a su alrededor, dentro de él y lo definen.

En otras palabras, para responder plenamente a tu pregunta, necesitas saber más acerca de tu objetivo y de todo lo que lo rodea. Todo es un sistema dentro de un sistema, dentro de un sistema. En este ejercicio te hice comenzar desde "adentro" de modo que pudieras realmente empezar a identificar la experiencia de seguir tu atención hacia los distintos lugares a donde te puede llevar, en el proceso de producir respuestas intuitivas.

¿Qué es, entonces, la intuición?

Empezaré por decir que nada me complace más que poder enseñar a otros cómo desarrollar su sentido natural de la intuición. Es algo que revela un conjunto de potentes destrezas que jamás habían pensado que tenían. Estar en un salón en donde cien personas están descubriendo esta capacidad es mi idea del momento más fabuloso. Por lo tanto, ¿qué es exactamente la intuición?

La intuición es una comprensión precisa y una información que no se obtiene con el uso diario de los cinco sentidos, el intelecto o la experiencia. Está una octava más arriba que los cinco sentidos. En otras palabras, es información que no sabíamos que estaba disponible, información que puede guiarnos a lo más verdadero y lo mejor posible de nuestro ser. La clave de una vida exitosa es un camino sin obstáculos, una transición rápida cuando llegamos a un escollo, y la capacidad de seguir adelante, de inmediato, en la dirección correcta.

En la situación ideal, la vida de los niños es guiada y allanada por los adultos que los rodean de forma que sus percepciones e intuiciones son limitadas y dirigidas hacia la compasión, la creatividad y la comunidad. Es raro que los adultos encuentren un camino fácil cuando tienen que interactuar con un mundo enorme y siempre cambiante y confrontan una rápida sucesión de situaciones nuevas, generalmente sin interrupción. A falta de un camino llano, es esencial contar con un alcance intuitivo sólido.

¿Qué quiero decir por alcance intuitivo? La intuición nos da la capacidad de comunicarnos con nuestro mundo a distancia, de percibir el futuro, de ver el resultado de optar por distintos caminos, de encontrar, por nosotros mismos, recursos plenamente maduros y respuestas que sólo son accesibles a través de nuestra capacidad de aprovechar el campo de información y comunicación infinito que nos ofrece la intuición. La intuición es una herramienta poderosa para guiarnos y guiar a los demás en todas las situaciones de la vida, desde el amor hasta la profesión o las inversiones. Tu intuición puede hacer predicciones exactas, que a su vez, crean vidas exitosas.

SE PUEDE UTILIZAR LA RECOPILACIÓN DE INFORMACIÓN DE INUMERABLES FORMAS:

- Ampliando todas tus percepciones en el espacio

- Revisando el pasado en perspectiva

- Investigando ideas a profundidad

- Percibiendo el mundo que nos rodea en forma menos subjetiva

- Separando los datos correctos de los incorrectos

- Iluminando las áreas de represión y disfunción

...y muchas más.

Sé que se hace imperativa la pregunta: ¿Cómo funciona realmente la intuición? Ya he dicho que la intuición es innata; sin embargo, sostengo que, al igual que todas las capacidades, se puede desarrollar en forma consciente. Por lo tanto, ¿dónde podemos empezar? La intuición comienza con un interrogante, una lectura intuitiva consiste en plantearse preguntas muy específicas. Este es, esencialmente, el punto de partida —y es precisamente lo que quería decir en relación con nuestra capacidad de dirigir nuestra energía y nuestra atención. Al hacernos la primera pregunta, creamos una base desde la que la intuición puede seguir preguntando y dando respuesta a sus propias preguntas. Después de un rato, ni siquiera "escucharemos" las preguntas y nos daremos cuenta de que simplemente sabemos cuáles son las respuestas.

Claro está que la intuición es sólo tan buena como las preguntas que le planteemos. Por lo tanto, si no conoces tu interrogante, será muy difícil reconocer la respuesta. Para el propósito de los ejercicios, de la vida y de la búsqueda generalizada de la felicidad —aún si no sabes exactamente cuál es, en último término, tu juego— tienes el deber de explorarlo. Comienza aquí: ¿Qué quieres lograr, descubrir, experimentar y mejorar? Cuanto más logres reducir cada esfuerzo a una meta a la vez, menor será tu confusión y tu dispersión de propósito.

Cuando te hayas planteado tus preguntas, pon atención a la información que recibes, y por atención quiero decir *limítate a observar*. La información puede venir en varias formas, o tal vez no venga en absoluto. Mis alumnos principiantes suelen decir: "No recibo nada" o "Estoy bloqueado". Bien, estoy aquí para decirte que "bloqueado" *es* información. Pido a mis alumnos que describan el bloqueo: quién es, qué es, cuándo se da, cómo darle un rodeo, cómo pasar por debajo, cómo pasar a través de él... En la mayoría de los casos, esas preguntas invariablemente producen la respuesta.

Todo lo que percibas de *cualquier* forma, incluyendo las distracciones, los pensamientos e incluso el gas intestinal, debe demostrarte que siempre está pasando algo, algo burbujea bajo la superficie (mi intención aquí no es un juego de palabras).

Una y otra vez, te enfrentarás probablemente a tu propia resistencia a la información que recibes. Juzgarás la información, la cuestionarás y te preguntarás qué puede significar. Pero cuando comiences a observar y documentar la información sin juzgarla ni opinar, y te concentres, en cambio, en recibirla con absoluta ecuanimidad, verás la importancia de estos datos intuitivos (y el valor de todas tus percepciones, decisiones y acciones) que te llevará a poder manejar mejor tu vida.

A medida que comiences a utilizar la intuición como una misión de búsqueda de hechos, debes empezar por saber *qué esperas* que sea la respuesta y luego esforzarte por apartarte de lo que piensas o sabes. Tienes que estar dispuesta a permitir que entren las percepciones con las que no estás de acuerdo, los datos que, en este momento, no tienen sentido y las distracciones que no puedes aplicar de inmediato. Abandona tus juicios en la medida necesaria para encontrar los hechos que no sabías que estaban allí. Después de todo, ¿durante cuánto tiempo estuvimos seguros de que la tierra era plana? Si temes equivocarte, no podrás utilizar libremente tu intuición. Cualquier juicio que hagas sobre los datos incluidos será realmente contra-intuitivo. El deseo de estar "en lo cierto" eclipsa tus objetivos y metas reales, que deberían ser informar/documentar la información, sin sentir la necesidad de calificarla. Tu única tarea será observar y después documentarlo todo, ya sea que lo recibas, lo escribas o lo grabes en tabletas de arcilla. Sólo anótalo.

En vez de resistirte al tipo de datos que surja, procura entender que nuestra intuición tiene su propio lenguaje, y es importante aprender a percibirlo como debe ser. Todos tienden a preferir un sentido sobre los otros cuatro, pero —consciente o inconscientemente— todos utilizamos los cinco sentidos. Por ejemplo, algunos me dicen que no "ven" nada intuitivamente y, sin embargo, dan descripciones visuales detalladas cuando se permiten utilizar un lenguaje diferente: "Se siente como algo amarillo y grande". Tu intuición puede hablarte en símbolos o en metáforas que sólo tienen sentido para ti. Los símbolos son representaciones de una idea dinámica. Con frecuencia, tu intuición, guiada por tu subconsciente, utilizará símbolos para darte información cuando algo referente a esa información es demasiado íntimo, demasiado extraño, demasiado emotivo o simplemente demasiado perturbador. Es frecuente que tu intuición detecte un símbolo de tu pasado; por ejemplo, un determinado postre de chocolate que te encantaba de niña puede representar algo totalmente seguro y agradable. Por eso es importante estar atenta a tus símbolos y familiarizarte con sus significados. Si tu intuición y tu subconsciente utilizan un símbolo en especial, significa que, en el pasado, ese símbolo ha tenido alguna importancia para ti. Es útil aprender el lenguaje de representación de tu subconsciente, dado que los símbolos existen no sólo en nuestro interior, sino también en la totalidad de nuestro entorno. A medida que aprendas lo que significan, tus símbolos se irán haciendo obsoletos y tu subconsciente dejará de utilizarlos. Al mismo tiempo, empezarás a recibir la información de forma más directa.

La simbología es un lenguaje sui géneris, uno en donde cada detalle tiene un abundante contenido histórico y de significado. Practicar la conciencia de esta verdad te ayudará a aprender tu propio lenguaje de símbolos y a trabajar con el lenguaje de la simbología en los demás, lo que es siempre único y relacionado al individuo, a la cultura y a la época.

Por muchas de las mismas razones en las que confiamos en los símbolos, las metáforas son también herramientas importantes y el subconsciente las utiliza con frecuencia para expresar ideas, dinámicas y cualidades que son más fáciles de expresar disfrazadas de otras cosa. Siempre he pensado que una metáfora es como una historia que realmente cuenta otra historia. No te puedo decir cuántas personas en los talleres han descrito una boda como una fusión de negocios o viceversa.

La narración, en el sentido convencional, es una forma de poner los incidentes en contexto y darles una secuencia organizada. Por ejemplo, cuando tenemos recuerdos que son historias del pasado, recibimos una imagen completa que representa algo que realmente está ocurriendo en el presente, es la forma que tiene los sentidos de utilizar la información histórica detallada para alertarnos, de forma intuitiva, de una situación actual similar. Tu atención capta ese recuerdo guiada por la intuición. Por ejemplo, un recuerdo puede desencadenar diez historias distintas, según donde vaya tu intuición —y es así, precisamente, como la intuición utiliza la narrativa como un sentido para encontrar la información.

Al hablar de intuición, agregamos otro conjunto de sentidos a nuestros cinco sentidos comunes. La intuición te permite obtener información más detallada para que puedas tomar mejores decisiones. Tal vez la intuición no te presente el panorama completo, pero, si funciona bien, dirigirá tu atención a lo que tienes que saber para tu interrogante o tu meta. Te avisa cuando un área de tu vida requiere atención y te da las herramientas para enfrentar con éxito una determinada situación. Los sentimientos, la experiencia, el instinto y la creatividad actúan al unísono. La intuición está realmente en el otro extremo del espectro —debido a que la intuición consiste en datos ya existentes; en realidad no estás creando nada. La intuición te permite percibir una situación de manera imparcial. Ya encontrarás tu propia forma de alejarte del "conocimiento" convencional y permitirte experimentar el novedoso impacto de la información intuitiva.

Percibir la información intuitiva es sólo uno de los aspectos del ejercicio. Además, debes buscar información que sea *accionable* — es decir, información sobre la que puedas actuar. Por ejemplo, saber de forma intuitiva que se te romperá el corazón en una relación cuando no hay nada que puedas hacer para evitarlo no es útil e inclusive puede ser nocivo. Sin embargo, saber qué hacer para tener más fortaleza y ser una persona más independiente es lo que requieres para prepararte y es algo con lo cual puedes hacer algo tangible.

En los ejercicios que presento a lo largo de este libro, practicarás cómo hacerle a tu intuición las preguntas correctas y cómo comenzar a reconocer qué parte de ti está respondiendo: tu intuición, tu intelecto, tu emotividad, tus creencias, tus sueños imposibles o tu miedo. Este proceso comenzará a guiarte a una mayor distancia de los patrones nocivos y confusos e irá dirigiendo tu intuición hacia información *útil, precisa* y *accionable* —tres térmi-nos muy importantes que utilizaré una y otra vez. A continuación te explicaré por qué cada uno de ellos es de vital importancia.

Útil: Si alguien se te acercara y te dijera que el cielo se está cayendo y no tuvieras tiempo de cambiar de lugar ni prepararte de ninguna forma significativa para esa situación, la información sería inútil. Recibimos constantemente montañas y montañas de infor-mación intuitiva y de otra índole (intelectual, emocional, sensorial, subconsciente). Aún si toda ella fuera exacta, a menos que también te ayude de alguna forma y resuelva tus necesidades, no será más que ruido. Debido a que ya estamos acostumbrados y condiciona-dos a tanto ruido, tendemos a dejar pasar lo que es útil; es como intentar encontrar dos medias iguales en una gaveta revuelta. Si te quedas estancada en la información inservible se verá compro-metida tu capacidad de funcionar. Sin embargo, con la práctica, puedes entrenarte y aprender a enfocarte en la información útil y crear un lugar de paz y tranquilidad donde antes había ruido.

Precisa: La intuición te da datos precisos relacionados con tu interrogante desde una perspectiva nueva. Al igual que con otro tipo de datos, los datos intuitivos no siempre se interpretan correctamente, por lo tanto, hay un margen de error. Los errores suelen producirse cuando lo intuitivo cree estar respondiendo a una pregunta cuando en realidad responde a otra. Considera la situación en la que alguien se pregunta: ¿Saldrá bien esta re-unión? Digamos que la persona pierde el negocio en el curso de dicha reunión, pero obtiene en cambio un maravilloso dato para librarse de la totalidad del problema. La verdad es que la reunión sí salió bien, pero si dicha persona hubiera tenido mayor destreza en la intuición, también habría cerrado el negocio, lo que era su blanco, su meta en primer lugar. Este tipo de destino torcido sólo significa que tenemos que aprender a refinar nuestros objetivos. Después de treinta años de práctica todavía me equivoco a veces, porque el proceso de aprender a utilizar la intuición es constante. Las buenas noticias son que tienes toda una vida para practicar.

Accionable: En otras palabras, ¿puedes o deberías poder hacer algo al respecto? El caso excepcional es aquel en el que no puedes cambiar algo que te afecte, ya sea cambiando el evento, preparándote para él o evitándolo (trabajar en los aspectos de tu matrimonio antes de que comience el problema, vender tus acciones antes de que el mercado se derrumbe, no aceptando un trabajo en una compañía que quebrará en un mes). Sin embargo, a veces, mientras se evalúa y recibe la información (intuitiva o de otra índole) la receptora está muy mal informada o muy mal preparada para actuar o, lo que es peor, queda en una situación en la que realmente la información la priva de su empoderamiento y se encuentra menos capacitada que antes para actuar. Mi ejemplo favorito a este respecto es cuando alguien te dice que abandones una relación abusiva y luego comienza a enumerar las razones por las que deberías hacerlo. Si hubieras estado equipada y preparada para abandonar la situación, te habrías ido, por lo que este consejo sólo te hace sentir más indefensa y hace que pierdas el enfoque de lo que podría ser tu fórmula accionable, o para alcanzar tu autonomía, ampliar tu círculo social, etc. Si sabes escuchar debidamente tu propia intuición, deberías poder encontrar la forma de prepararte y tomar las medidas necesarias sin quedar paralizada por el pánico. Privarnos del empoderamiento es la némesis de la intuición porque permite que el subconsciente te proteja de las verdades a las que necesitas prestar atención. Por otra parte, cuando practicas el empoderamiento, tu información intuitiva fluye en abundancia.

En este libro utilizaremos otros cuatro conceptos que vale la pena también explicar: *objetivo, atención, incorporación* e *integridad.*

Objetivo: Cuando te pido que definas tu objetivo, lo que te estoy pidiendo esencialmente es que identifiques tu interrogante o tu meta. ¿Qué información adicional quieres tener acerca de qué utilizando tu intuición? Puede relacionarse con una persona, una empresa, las noticias, el mercado, o puede ser simplemente saber si "¿Hay algo que yo deba saber en este momento?", tu subconsciente llenará los espacios en blanco. Con el tiempo, comenzarás a entender que inclusive la pregunta más limitada es en realidad más amplia de lo que parece. Te daré un ejemplo: "¿Me darán el trabajo para el que presenté la entrevista hoy?". Parecería algo que puede responderse con un simple sí o no, ¿correcto? Sin embargo, en relación a una pregunta así, tu atención se moverá naturalmente en un millón de direcciones. Sí, es muy posible que te den el trabajo, pero también es posible que no lo sepas de inmediato y que, entretanto, encuentres algo más que creas que va a ser más agradable, o tal vez te des cuenta de que la persona que te entrevistó no tenía en mente lo mejor para ti. Cuando sea factible, define tu objetivo con la mayor precisión posible y permite que la intuición te presente un panorama de información más amplio.

Atención: A fin de utilizar la intuición como una herramienta individual y única, fuera del conocimiento sensorial inmediato de nuestro entorno o de la maravillosa capacidad de almacenamiento del intelecto y la memoria, deberás redefinir la atención. Ahora mismo, busca algo en la habitación y no le quites los ojos de encima. Cada vez que pienses en otra cosa o experimentes algo diferente concentra de nuevo tu atención en aquello en lo que hayas decidido fijarte. Ahora, la próxima vez que te distraigas, ya sea por un pensamiento, un ruido o algún otro motivo, *convierte* ese factor en tu nuevo enfoque. Fíjate cuántos de tus sentidos debes dominar para mantener tu atención por más de un segundo en cada objeto que elijas (si es que alcanzas a mantenerla por tanto tiempo). La atención es lo que crea tu conocimiento. Hay muchas cosas a tu alrededor y dentro de ti, pero tu atención estará donde se concentren tus percepciones. Todos tenemos nuestra atención en muchos lugares, personas, pensamientos, sentimientos y sensaciones a la vez. Ni siquiera identificamos muchas de las cosas de las que somos conscientes. La intuición utiliza tu atención para identificar la información importante para responder tus preguntas. Cuando digo, "Sigue tu atención", simplemente te estoy preguntando: "¿Qué miras ahora mismo?".

Incorporación: La incorporación es la plena experiencia sensorial de cualquier cosa. Incluye todo lo que experimentan los sentidos tanto internos como externos. La incorporación es cuando experimentas algo con todos tus sentidos, y siempre debes procurar hacerlo —la vida en el momento actual. Sientes, ves, oyes, gustas, piensas, recuerdas, especulas; estás totalmente presente y consciente y eres capaz de explicar en detalle tu conciencia. Esto abarca tanto tu conciencia interior como tu conciencia del mundo exterior que te rodea. En este momento, no sólo te estás experimentando tu mismo y experimentando tus sentidos, sino que los estás utilizando para evaluar la habitación en la que te encuentras, lo que pasará, lo que acaba de pasar, quién está contigo, qué está sucediendo a tu alrededor y qué exige de ti o qué significa para ti. Es algo que haces constantemente. La intuición te pide que utilices esta misma capacidad no sólo para estar plenamente presente con tus sentidos y tu conciencia, sino para moverte en el tiempo y el espacio hacia otra persona o incluso a una situación hipotética.

Cuando te pido que "te" incorpores, te estoy pidiendo lo siguiente: experimenta tu yo más poderoso, más sano y más feliz. De esto hablaremos en más detalle en el capítulo sobre sanación y trabajaremos para perfeccionarlo a medida que vas dominando tu sentido de la telepatía, que implica enviar una incorporación convincente a una persona o a una situación.

Integridad: La intuición no necesariamente te convierte en una mejor persona. Eso depende enteramente de ti. A medida que perfeccionas tus destrezas intuitivas te irás dando cuenta de que —junto con todo el bien que puede hacer— la intuición también te puede ayudar a manipular personas y situaciones, a mentir en un lenguaje que la otra persona creerá, a robar de forma eficiente y más. Sin embargo, tu sentido de integridad no te permitirá hacer cosas que realmente consideras malas. Pero si tu integridad es débil, existe el potencial de causar daño significativo. En último término, la calidad de tu vida es igual a la bondad y la claridad de tus acciones y tus intenciones. Si orientas tu atención a derrumbar todo lo que tienes por delante, tal vez te encuentres viviendo, por así decirlo, entre ruinas. También es importante aprender un poco más acerca de qué es tu integridad, lo que amas, lo que valoras, lo que crees y la persona que quisieras ser en el mundo de manera que no hagas nada de lo que después te puedas arrepentir, y así puedas crear la vida que deseas y no perseguir ninguna meta que socave esa calidad de vida.

Como ya lo dije en la introducción, la intuición es parte esencial de otras destrezas distintas aunque relacionadas, como la telepatía, el calor corporal, el don de sanación, la visualización remota, la precognición y la capacidad de servir de médium. Digo "distintas" aunque en la práctica estas destrezas realmente se superponen en gran medida unas a otras. De hecho, nunca he visto a una persona utilizar una destreza intuitiva sin mezclarle algo de otra. Probablemente te inclinarás más por una destreza que por otra, pero la idea es entender que se trata de aspectos diferentes de tu intuición de manera que puedas aprender a integrarlos de la forma más útil.

Permíteme recordarte que tu intuición no es una herramienta nueva. Ha sido utilizada desde el principio de los tiempos, aun antes de que tuviéramos el lenguaje real para comunicarnos o la palabra escrita para compartir nuestros conocimientos. Sin embargo, como ya lo he dicho, aplicar cualquiera de estas destrezas intuitivas en tu propia vida suele constituir un reto. Esto se debe a que la persona que representa el mayor reto para ti eres tú mismo —en gran medida porque conoces y proteges tus problemas en vez de confrontarlos. Por esta razón, son especialmente importantes los ejercicios diarios que te ayudan a liberarte del condicionamiento de tu instinto de autoprotección y así tener acceso a la información intuitiva que requieres para avanzar. De nuevo, cuando utilizas tu intuición en la vida diaria, probablemente estarás utilizando todas las destrezas que se describen en este libro a la vez. Si buscas información intuitiva sobre algún aspecto en particular, podrías comenzar con tu visualización remota para darte una idea de la ubicación física del problema, pero al mismo tiempo hacer rápidamente uso de la capacidad de servir de médium para experimentar el problema de adentro hacia afuera; simultáneamente, puedes recurrir a la telepatía para oír las diferentes opiniones sobre el tema, mientras también utilizas la capacidad de sanación para introducir un catalizador que te permita obtener un mejor resultado.

Piensa en este proceso como en una especie de reensamblaje consciente de ti mismo, un reencuentro con tu sentido más profundo del yo y un proceso que sólo es posible si tus percepciones están abiertas. Una vez que las abres, podrás intuir lo que hacen los demás, podrás sentir situaciones, aspectos del futuro y diversos puntos de vista en el pasado e incluso viajar físicamente fuera de tu entorno inmediato. Una vez que comprendas la potencia de esta apertura intuitiva, todo aquello en lo que pienses interrumpirá la privacidad condicionada de tu soledad en tu interior. Podrás ver que cada iota de información que recibes se relaciona, en alguna forma, con un panorama más amplio de la realidad que puede ser percibido por cuantos te rodean.

La clave para lograr este nivel de claridad tiene mucho que ver con la *intención*. Debes crear conscientemente un espacio sagrado, un tiempo sagrado e inclusive un sentido de ritual —todo lo cual te ayudará a forjar una nueva conciencia.

¿Qué son exactamente el lugar sagrado, el tiempo sagrado y el ritual? Bien, son distintas cosas para distintas personas. El *espacio sagrado* podría ser una simple forma de ser que se puede replicar confiablemente, en donde tu conciencia puede estar presente para sentir, o puede simplemente ser un lugar físico donde siempre te acordarás de ti misma y de tu conexión con lo que sea que te nutre de adentro hacia afuera. Hay quienes tienen un espacio particular donde desarrollan su trabajo intuitivo, pero te recomiendo recordar que cada momento merece un espacio sagrado. Tu yo intuitivo debe funcionar en tu momento a momento, mientras vas y vienes de la oficina y tienes que hacer mil cosas, mientras comienzas a preparar una salsa para espagueti o cuando te cepillas los dientes. Tu espacio sagrado es el lugar a donde vas para conectarte contigo mismo. Espacio sagrado, tiempo sagrado y ritual son formas de afirmar que lo que deseas alcanzar en último término es tu paz mental y un compromiso absoluto contigo y con la vida que llevas. El espacio sagrado de mi vecina es su visita matinal a misa. El espacio sagrado de mi papá se encuentra detrás de su escritorio en su oficina rodeado de su computadora, su teléfono, sus revistas médicas, sus recuerdos de agradecimiento de pacientes del pasado y una buena provisión de almendras —sin tostar ni salar— siempre a mano.

Sin embargo, el *tiempo sagrado* es el tiempo real que asignas —ya sea un momento, una hora, un día a la semana, un incremento de tiempo no importa qué tan grande o pequeño— para dedicarte a ti mismo con el único propósito de conectarte con las partes más profundas de tu ser.

Los *rituales* son esas rutinas confortables que te ayudan a conectar con tu profundidad más íntima. Para algunos será tejer, para otros puede ser el yoga o cocinar, o dibujar, o la jardinería —o toda una serie de actividades que promueven la calma y el bienestar personal. Lo más probable es que tu espacio sagrado, tu tiempo sagrado y tus rituales ya existan de alguna forma. Tu espacio sagrado puede ser tu cama o tu silla favorita. Tu tiempo sagrado y tu ritual pueden estar a unos pocos minutos después de tu día laboral, cuando lees las páginas de deportes, o puede ser esa primera taza de café que te preparas en la mañana en tu casa antes de que empiece el día. Mi norma es quitarme los zapatos, poner una de mis casetes y hundirme en el silencio de mi sofá. Cuando no dispongo de mi sofá ni de mucho tiempo, simplemente me tomo un momento para experimentar mis bendiciones (aunque casi siempre lo hago sin zapatos) para poder sentir, ver, oír, gustar y en realidad oler y reflexionar en las cosas maravillosas de mi vida en ese preciso momento. También tengo pequeños "altares" por toda mi casa, donde coloco mis proyectos y deseos, sobre todo en la mesa de café frente al sofá. El resultado final es que debes ser *intencional* con respecto a tu tiempo y tener un sentido de dedicación a ti mismo. Algunos pueden escuchar música o tomar una siesta de cinco minutos. Cada cual tiene alguna forma de encontrar esta zona de confort, que es exactamente donde debemos tener más dispuestas nuestras antenas de intuición.

En una empresa, cada empleado debe hacer un "altar" (tal vez encuentre otra palabra mejor para describir ese lugar, pero yo lo veo como un foco de poder y confort) en su lugar de trabajo. Normalmente, el altar del grupo es la sala del café, donde todos se reúnen y afirman su orientación, plantean sus preguntas y recargan y reorganizan su atención orientándola hacia su objetivo del trabajo.

También es útil hacer un altar donde recuerden que el trabajo les ayuda a alcanzar sus metas individuales. Cosas como el color, el lugar para sentarse (para poder conversar), organizar una junta de "buenas ideas" y utilizar la sala para reuniones estratégicas informales ayudará a lograrlo.

Cuando se ventilan temas de percepciones tan amplias y se les presta atención, tu tiempo sagrado, tu espacio sagrado y tus rituales deben ser más conscientes y efectivos por lo que es importante recordar que se puede alternar entre lo "sagrado" (conectado a tus propios sentidos internos) y lo "comprometido" (funciones que se desarrollan en el mundo de momento a momento), casi sin parar al hacer el cambio entre uno y otro. Pero debido a que tu atención estará recibiendo tanta información útil y sobre la que puedes actuar a medida que comienzas a trabajar conscientemente con tu intuición, realmente tienes que asegurarte de tener un espacio de tiempo suficiente de paz interior, de lo contrario puedes terminar estresado y agotado. Cuando aprendas a trabajar con tu intuición, cuando aparezcan los momentos de crisis (que inevitablemente se darán, debido a la condición humana), debes ser capaz de desarrollar tu hiperatención para captar lo que esté ocurriendo, a fin de actuar correctamente, y también sabrás cuándo habrá llegado la hora de cerrar y aprovechar la calma. Esto lo irás adquiriendo con la práctica.

Atesora este proceso. Es la joya escondida del crecimiento. Todos creemos que las metas de nuestras vidas incluyen la creación del negocio perfecto, saber encontrar el amante ideal o alguna otra experiencia cumbre que consideremos que definirán nuestro éxito, pero lo cierto es que entre las líneas de todos esos objetivos y metas altruistas, lo que realmente tenemos que encontrar es nuestro propio *yo*. Cuando encuentres tu yo, el yo intuitivo, el yo poderoso, el yo amoroso, siempre tendrás un sabio consejero, alguien que te mostrará la belleza de la vida, alguien con quien hablar que será consistente e incondicionalmente franco, consolador y preciso en sus juicios, alguien que razonará contigo cuando lo necesites y alguien que siempre actuará únicamente en tu mejor interés. Te tendrás a ti plenamente y jamás estarás solo.

El proceso diario de recopilar información

Durante el día, cuando tu mente divaga, procura fijarte a dónde va. A menos que se trate de los pensamientos que normalmente salen a relucir una y otra vez (acerca de la salud, el abandono o cualesquiera que puedan ser tus problemas), permítete generar interrogantes acerca de esta área de tu vida. Es también muy importante saber diferenciar entre la intuición y el pensamiento circular. Puedes tener en cuenta que si tus pensamientos fueran intuiciones en lugar de una forma de pensar de patrón circular, habrías resuelto ya hace mucho tiempo el asunto o el problema en cuestión. La intuición no te permite enfocarte con una buena resolución a menos que tu objetivo subconsciente sea mantenerte ahí estancado, en cuyo caso la intuición, cuando esté ya entrenada, comenzará a codear al subconsciente desviándolo de ese objetivo.

No surge nada nuevo al pensar y repensar del mismo modo. Tus eternos y constantes problemas no te van a llevar a sus respuestas ni a ninguna otra solución. Debes mantener tu "ojo" lejos del baile habitual de tu mente para poder encontrar nuevas direcciones que te den las soluciones a los viejos problemas. Si no puedes dejar de tener esos patrones de pensamiento recurrentes, respira profundo, con fuerza y concéntrate en el flujo de tu respiración. Olvida las preguntas después de haberlas creado. El sólo hecho de pensarlas es suficiente para que tu atención y tu intuición comiencen a buscar las respuestas. Procura seguir los devaneos de tu mente y no dejes de seguirlos hasta que te lleven a algún nivel de comprensión.

Otra sugerencia es la siguiente: tu intuición podrá desplazarse libremente cuando realices una actividad repetitiva que no requiera toda tu concentración. Actividades como lavar la loza, caminar en la banda sin fin o al aire libre, mecerse en un columpio o repetir oraciones que sabes de memoria son todos ejemplos de cosas que puedes hacer para ayudar a que tu intuición fluya.

Procura limitar actividades como ver televisión, chatear en la computadora o jugar videojuegos, que no contribuyen al trabajo interior que procuramos dominar. Las siguientes son algunas ideas que deben considerarse a medida que te esfuerzas conscientemente por centrar tu atención y generar los interrogantes necesarios:

- ¿Hacia dónde voy a dirigir hoy mi intuición? ¿Cuáles son mis metas? ¿Qué problemas/asuntos y relaciones intento mejorar? Escribe todas estas preguntas con sus respectivas respuestas, para que tu intuición tenga un mapa de ruta concreto sobre el cual trabajar.

- ¿Cuáles son los problemas que tengo siempre en mente y que me perturban? Ahora dirígete a ti mismo para decirte que vas a dejar de prestar atención a esos problemas, consciente de que durante todo este tiempo has estado confundiendo el pensamiento con la intuición. Ahora comienza a entrenarte, a centrarte más en tus metas positivas.

- ¿Hay algo que me atemorice tanto, algo que me haga sentir tan impotente que mi propia conciencia y mi propia intuición puedan estar realmente ocultando los detalles que se relacionan con eso? Recuerda que estos detalles potencialmente sofocados podrían, en último término, ayudar a protegerte y producir un cambio positivo.

- ¿Cuáles podrían ser algunas de estas áreas? ¿Cuáles son los detalles que aparecen y cuáles los que aparentemente quiero evitar? Búscalos...

CAPÍTULO 3

Servir de médium

La intuición es la supralógica que interrumpe todo
el proceso rutinario del pensamiento y avanza a
grandes zancadas del problema a la solución.

—ROBERT GRAVES

NOTAS

Ejercicio de acierto rápido para servir de médium

Las destrezas intuitivas no pueden entenderse plenamente hasta no haberlas experimentado, pero la ironía está en que realmente se pueden experimentar antes de tener cualquier tipo de comprensión al respecto. Por lo tanto, antes de seguir adelante, te agradecería que te tomaras unos minutos, o más tiempo si deseas, para *hacer* —no simplemente leer— este ejercicio. No te preocupes de si lo estás haciendo correctamente. Más tarde analizaremos su significado y su importancia.

1. Elige tu objetivo: una persona, un objeto o una situación.

2. Supón que te conviertes en tu objetivo iniciando un juego privado que yo he bautizado "dramatización consciente".

3. Acepta que ya nada de lo que hay en tu experiencia actual tiene que ver contigo. Tu mismo eres tu objetivo.

4. Piensa en primera persona, piensa en tu "yo", con tu interpretación común del "yo" como tu objetivo.

5. Tu cuerpo, tus pensamientos, tus sentimientos, tus necesidades, la forma cómo ves y percibes el mundo, las cosas que lamentas — todo lo que experimentas de cualquier forma— procura convertirlo en tu objetivo. Permítete seguir tu atención mientras actúas como tu objetivo.

6. Documenta detalladamente toda tu experiencia.

Lo que experimentaste en el acierto rápido

Si te comprometiste por entero con el ejercicio, probablemente te sorprendió lo rápido que pudiste "convertirte" en alguien (o en algo) distinto. Aún si te sentiste como si lo estuvieras inventando o como si estuvieras actuando, lo más probable es que hayas tenido algunos aciertos sorprendentes. Digamos que crees que el ejercicio no funcionó para ti (algo que pocas veces veo con mis alumnos nuevos), inclusive el simple intento de aceptar la experiencia y la perspectiva de convertirse en algo o en alguien más tendrá acceso a nuevas áreas de tus percepciones y a un sentido de juicio que rara vez utilizas. Mantén la información que obtuviste de este ejercicio; empezarás a notar su importancia a medida que se van desarrollando los eventos. Por otra parte, si puedes hacer este ejercicio con facilidad la primera vez, considéralo como un signo de que debes esforzarte más en relación con los límites, por razones que se explicarán más adelante en este capítulo.

¿Qué significa servir de médium?

Ser médium es la primera destreza intuitiva que empleamos como bebés, es la razón por la que resulta lógico que nuestras destrezas intuitivas se desarrollen en esa etapa. Ser médium es tener la capacidad de fundirse tan totalmente con alguien o con algo que nos experimentamos como eso otro. Sabemos que los bebés no tienen un sentido exacto de ellos mismos, como algo separado del entorno, por lo que, a su vez, su estado de servir de médium es tanto elemental como instintivo. Cuando se considera la anterior verdad, ser médium —o el estado de ser lo mismo que otro, o uno mismo con otro— se convierte en algo tan fundamental, de una quintaesencia tan primal, que, cuando se experimenta en forma correcta, te devuelve al estado natural que siempre subyace en ti.

El ser médium es también una destreza esotérica que los psíquicos tienden a utilizar para lo que yo llamo las destrezas de "tropezón en la noche", como la de comunicarse con los muertos, experimentar vidas pasadas y hablar como "espíritus guía". Como tal, la capacidad de ser médium es tal vez la rama menos comprendida de la intuición. Todos hemos visto programas de televisión o películas donde una médium habla al ser querido fallecido. Recuerden a Whoopi Goldberg en la película *Ghost*. A veces quien hace de médium sufre inclusive cambios físicos y adopta los rasgos de otra persona, habla con su voz, conoce su pasado e inclusive utiliza sus gestos. Sin lugar a dudas, la capacidad de convertirse en médium se puede utilizar para hacer esto y, si estás desarrollando un trabajo sobre Cleopatra tal vez quisieras intentarlo. Personalmente, me bastan las personas vivas en mi mundo que requieren mi preocupación y mi atención, como para andar interviniendo y husmeando en el mundo de los muertos.

Sé que es difícil aceptar esto, pero ser médium es la capacidad de *convertirse* en el objeto de la investigación. En lugar de considerar una nueva empresa, un nuevo mercado, una relación o una situación política (como con la telepatía, que exploraremos más adelante), realmente uno la personifica. Es posible que pierdas tu propia perspectiva al hacerlo, pero tienes acceso a elementos mínimos de información que te permiten formar una verdadera idea de cómo se ve el objeto a sí mismo, qué planea, qué necesita y qué esconde. Se puede evaluar la relación *convirtiéndose* en esa relación como un todo y preguntándose cosas relevantes relacionadas con ella, lo que te permitirá sentir dentro de ti partes de una empresa o de una organización comercial y la forma como dichas partes funcionan para formar entre ellas un todo en general.

SE PUEDE UTILIZAR LA CAPACIDAD DE CONVERTIRSE EN MÉDIUM EN UNA INFINIDAD DE FORMAS:

- Para conocer el plan de la competencia desde su punto de vista

- Para saber cómo vender tu producto desde el punto de vista del mercado

- Para saber cómo se quieren ver los demás y poder actuar de forma creíble con base en esa información

- Para lograr cambios en personas (y grupos, como empresas, organizaciones) de adentro hacia afuera

- Para poder experimentar en forma integrada la dinámica de situaciones complejas

- Para evaluar una empresa, un mercado, un gobierno o una acción de la bolsa de valores

- Para saber lo que está haciendo otra persona y cómo defiende sus acciones ante ella misma

- Para saber el lenguaje al que una persona o un mercado podrá responder

- Para cambiar algo de ti en el pasado

- Para experimentar a un ser querido a distancia

- Para entender una situación futura

- Para experimentar en quién te estás convirtiendo

- Para experimentar y sanar aspectos de la persona que siempre has sido que puede tener un impacto negativo en la persona que eres en la actualidad

- Para utilizar tu capacidad de convertirte en médium para ayudar a otra persona a conversar con alguien que no está presente (y permitirle ayudarte a hacer lo mismo)

- Para evaluar lo que un amigo, un socio, un miembro de la familia, un compañero de trabajo o incluso una compañía desea o necesita

- Para adoptar una actitud estudiada y efectiva para terminar un trabajo, cerrar un negocio o agradarle a alguien

- Para adquirir una destreza que no posees

...y muchísimas más aplicaciones exclusivas de tu situación y tus necesidades particulares.

Al igual que con otras destrezas intuitivas, ser médium es una de esas cosas que uno hace constantemente, ya sea consciente o inconscientemente. Es tan sencillo como la manida frase que utilizamos una y otra vez en nuestras vidas: "Ponerse en los zapatos del otro". Te darás cuenta de que, de pronto, te estás convirtiendo todo el tiempo en otras personas, te preocupas por la forma como podrían reaccionar, por cómo se sienten, por qué actitud pueden adoptar, por la opinión que puedan tener. Un sentido más evolucionado y consciente de la capacidad de ser médium surge sólo después de haber practicado ser *tu mismo*. Sólo cuando hayas entendido esto tendrás una comprensión clara tanto como una capacidad más evidente de cómo convertirte en otra persona. Imagina, por ejemplo, que mientras hablas con tu empleador (convirtiéndote en médium) te da la sensación de que está entusiasmado y listo para seguir adelante, pero que encuentra algunos obstáculos al presentar los cambios a los accionistas. Aunque puedes tal vez preocuparte por el riesgo de permitir que tu empleador sepa que captas la situación en lo más profundo de tu ser, el riesgo que corres ahora, basado en una evaluación consciente y en la verdad intuitiva, puede convertirte en la próxima súper estrella de la empresa.

Deja de juzgar, por favor

No intentaré que este capítulo sea menos raro de lo que es. Sólo te puedo animar a leerlo y ver y experimentar lo que puedes hacer con esta nueva información, para posiblemente desentrañar el hermoso misterio y el poder de ser tú. La capacidad de ser médium es la destreza más fácil, pero la que menos se puede discernir desde el punto de vista intuitivo. No es necesario evaluar, entender ni recopilar datos. *Simplemente, tú eres la información.* Por eso es tan importante documentar tu información de alguna forma. Mantén una grabadora o pluma y papel siempre a mano. Si escribes, querrás documentar cada ejercicio después de experimentarlo —no mientras lo haces, momento en el que quiero que tengas la más completa presencia y la experiencia más auténtica posible. Si estás grabando, puedes expresar tu experiencia en voz alta a medida que la tienes.

Luego, hay otro excelente ejercicio intuitivo conocido como la escritura automática, donde el médium elige el objetivo, se convierte en el objetivo como medio y luego escribe sin parar. Ensáyalo. Con frecuencia no tendrás conciencia o tendrás una conciencia mínima de estar escribiendo a medida que lo haces, pero, como lo verás, es algo que se referirá directamente a tu objetivo. No hay dos personas iguales, de manera que si decides ser el escritor o el encargado de grabar, elige uno de estos dos papeles y mantente fiel a ellos. Documentar, documentar, documentar.

Un salto a lo profundo: aeróbicos para médiums

Si puedes, te animo a que leas el resto de este capítulo de una sola vez. La idea tras lo que viene ahora es ayudarte a experimentar con mayor detalle y profundidad tu capacidad natural de convertirte en cualquier cosa o cualquier persona. A fin de lograrlo, tienes que hacer aeróbicos. Con esto quiero decir que la experiencia de ser médium tiene que pasar por alto tus barreras ególatras durante el tiempo suficiente para que puedas adquirir una experiencia genuina. Tienes que estar dispuesto a untarte de grasa, a traspirar y a dar un verdadero salto de fe suponiendo que lo que estás experimentando es lo que experimenta tu objetivo. La conciencia de poder hacer esto y la aceptación de este hecho, no es algo que simplemente fluya, porque resulta amenazador perder hasta ese punto el control de uno mismo. Tienes que irlo trabajando poco a poco.

Durante diferentes puntos del ejercicio, todos entienden lo que significa convertirse en médium: algunos de ustedes, de tipo intelectual, tal vez no puedan hacerlo estando despiertos, pero más tarde, lo logran mientras se estén quedando dormidos, o en ese sueño subliminal que se produce en las primeras horas, justo antes de despertar en la mañana, cuando la línea entre tu consciente y tu inconsciente es flexible y borrosa. Tómate el tiempo que sea necesario con cada aspecto de la experiencia, pero, como ya lo he dicho, no te detengas hasta que hayas hecho todos los ejercicios de una sola vez.

Una advertencia acerca del ego, que, contrario a la creencia popular, es algo muy bueno. El ego es lo que nos permite experimentar y comportarnos como individuos diferentes y conscientes. Este ejercicio pone a prueba esas sólidas fronteras del ego, poniéndolo de nuevo en el sitio que le corresponde —todo mediante la simple tarea de incorporarse.

Ahora bien, por raro que pueda parecer, tómate un momento para ser simplemente *tú mismo*. No es una idea tan descabellada como podrías creerlo. Hasta las cosas más sencillas, como el hambre y la sensación de calor o frío, pueden abrumarte e impedirte concentrarte en tu esencia. Este ejercicio te exige que abandones las iteraciones superficiales momentáneas y que en cambio aproveches tu totalidad —todos tus pensamientos y todo lo que ocurre a tu alrededor. Debes estar consciente de que si, por ejemplo, yo fuera a incorporarme en ti, si yo *fuera* tú, ¿cómo me sentiría? ¿Qué notaría y qué me llamaría la atención? ¿Cuáles serían las cosas importantes que están sucediendo en tu vida que yo tendría en cuenta? ¿Qué partes de tu pasado me harían quedar estancada? ¿Qué buscaría? ¿Qué agradecería? ¿Qué preguntas me plantearía? Escribe algunas notas acerca de tus observaciones.

Ahora cambiemos: tú te conviertes en mí. Supón de verdad que tú *eres* yo. Te sientes como yo, estás en el lugar donde yo me encuentro ahora. Estás digiriendo lo que acabo de comer y pensando lo que tengo en mente. Sabes lo que quiero hacer y sabes lo que acabo de hacer. Cada sensación que tengas es en realidad una sensación mía. Tú eres yo. Experimenta el ser yo con lujo de detalles. Permítete tener la plena experiencia, como si la persona que hace un momento eras "tú" estuviera en una esquina mirando hacia abajo, viendo cómo tú eres yo. Todo lo que experimentes en este momento lo estarás experimentando como yo.

Esto se puede hacer muy rápido. No exageres el enfoque, no busques con desesperación el estado que te estoy pidiendo que encuentres; simplemente supón que tú eres yo permitiéndote ser totalmente fluida, libre de cualquier expectativa, juicio o de cualquier deseo de un resultado.

Ahora conviértete en tu país. No estás pensando sólo en tu país ni imaginando tu país, realmente *eres* tu país. ¿Qué ocurre dentro de ti? ¿Dónde está tu atención? ¿Qué piensas, qué sientes, qué necesitas y qué ocultas? ¿Cuáles son tus planes?

Escoge ahora a alguien que realmente desees entender. Tal vez sea alguien con quien estás teniendo problemas. Conviértete en esa persona. Experiméntala en este momento. Fíjate dónde se encuentra, en qué piensa, cómo se siente, qué siente por ti, qué necesita ahora, en este preciso momento.

Ahora vuelve a ser tú. Realmente incorpórate en *ti*. La capacidad de convertirse en médium es tan elemental como la necesidad de poder convertirse de nuevo en uno mismo.

Ahora, suponiendo que hicieras el mínimo intento por realizar una de las tareas ya descritas, ¿cómo te convertiste en mí? Investiga tu propio proceso, los cambios de atención que hiciste. ¿Cómo te convertiste en tu país? ¿Permitiste que tu incesante conversación mental y tus dudas fueran parte de la experiencia, para convertirte en el ruido de ese objetivo o comenzaste a abreviar la experiencia, editando y juzgando la información? ¿Fue algo tan fácil de hacer que te costó trabajo volver a ser tú? ¿Cómo tuviste que esforzarte para volver a ser tú?

De nuevo, te guiaré sólo por esta vez

Hagamos esto en una situación más relajada para que puedas permitir que se dé la experiencia. La siguiente meditación guiada te permitirá ver el estado de alguien que sirve de médium. Recuerda que puedes usar la capacidad de convertirte en médium para "ser" cualquier persona o cualquier cosa. Intentémoslo ahora. Piensa en algo o en alguien que debas entender —desde ese punto de vista. Puede ser un mercado al que quieras ofrecerle algo atractivo o una visión de tu compañía que te permita experimentar la dinámica completa para hacer cambios efectivos. Puede ser una relación, alguien que amas o alguien con quien debes negociar, alguien que debes contratar o alguien en quien debes influir. Puedes tener un desencuentro con un hijo, con un socio, con un padre o un empleador. Si pudieras convertirte en cualquier cosa o cualquier persona para entender más plenamente el objetivo, ¿en qué o en quién te convertirías? Escribe el nombre de tu objetivo.

Ahora respira profunda y lentamente y suelta el aire despacio. Mientras exhalas, permite que todo tu ser se relaje. Con la exhalación libera cualquier tensión de tu cuerpo y al volver a inhalar permite que tu espacio interior se expanda y se despeje. Al exhalar, libera de tu mente cualquier tensión. No tienes que mantener un control tan estrecho de todos esos pensamientos y, al inhalar, permite la creación de un espacio en tu mente y en tus percepciones. Al exhalar, permite que tus sentimientos fluyan hacia afuera y permite que el espacio normalmente ocupado por sentimientos y emociones se convierta en algo fluido y libre. No te preocupes si haces esto a la perfección o relativamente bien.

Permite que toda la interferencia inunde la periferia a medida que vas experimentando un incremento cada vez mayor de espacio en tus percepciones, en tu cuerpo y en tu mente. Ahora, mientras respiras, permítete convertirte en tu objetivo en este momento, por ejemplo, en alguien que tú quieras experimentar de adentro hacia afuera, viendo el mundo desde su punto de vista, experimentando el día como él lo experimenta ahora.

Supón, simplemente, que eres esa persona. Estás sintiendo lo que él siente, viendo lo que él ve, recordando lo que él recuerda, mirando hacia el futuro con sus expectativas. Eres esta persona. No esperes a que esto ocurra. Supón que ya ha ocurrido y que cualquier cosa que experimentes en cualquier forma es lo que está experimentando la persona que hayas elegido. No existe lo que se pueda llamar "esta soy yo realmente"; *eres* tu objetivo. ¿Qué piensas y qué sientes? ¿Dónde estás y qué quieres? ¿Qué te disgusta y qué te agrada? Presta atención a cómo se siente ser tú. Sigue tu experiencia. Fíjate a qué prestas atención siendo la persona en la que te has convertido como tu objetivo.

Tómate un momento para experimentar plenamente tu objetivo. Escribe o graba todo lo que puedas sobre tu objetivo. Ahora tómate un momento para incorporarte plenamente de nuevo en ti. De hecho, incorpórate en lo mejor de ti hasta el grado que puedas, incorpórate como una persona segura, feliz, amada y saludable. Esto no siempre es fácil. Puede haber una gran cantidad de interferencia cuando te esfuerces por experimentar únicamente las mejores partes, las partes más fuertes de ti mismo. No te preocupes si te resulta difícil. Vale la pena el esfuerzo, y nunca nadie lo hace perfecto.

¿Cómo fue la experiencia para ti? ¿Divagó tu atención por

distintos sitios de lo que lo hubiera hecho si hubieras sido sólo tú? ¿Qué te sorprendió? ¿Qué ignorabas de tu objetivo que ahora conozcas? ¿Cómo cambiaría esto la forma como interactúas con tu objetivo?

Es posible que lo que observaste en tu objetivo durante este ejercicio de acierto rápido te haya sorprendido. Tal vez te sentiste obligado a experimentar el número de seguro social del objetivo, lo que tenía puesto o, inclusive, el color de su automóvil. Probablemente te fijaste primero en si tenías frío, tenías hambre, estabas a gusto o estabas triste, en que tus pantalones eran demasiado apretados o que estabas preocupada por llegar a algún sitio a tiempo. Si te quedaste con la experiencia durante el tiempo suficiente, probablemente experimentaste más cosas y con mayor detalle. Algunas experiencias de convertirse en médium se producen tan rápido que es casi imposible advertir un detalle específico. Aún si, en este punto, crees que inventaste la experiencia, si hay algún detalle allí, compruébalo. La comprobación de lo que experimentaste mientras serviste de médium permitirá que tu subconsciente vea esta destreza como algo útil y la tenga a mayor disposición la próxima vez que la necesites.

Piensa ahora en cualquier estructura que quisieras experimentar de adentro hacia afuera. Puede ser la Gran Pirámide de Egipto o una empresa local, cualquier cosa.

Al exhalar, libera de tu cuerpo cualquier tensión, y al inhalar permite que tu espacio interior se expanda y se despeje. Al exhalar, libera de tu mente cualquier tensión, tus pensamientos —no tienes que seguir tan de cerca todas esas ideas. Al inhalar, permite que se cree un espacio en tu mente y en tus percepciones. Al exhalar, permite que tus sentimientos fluyan y salgan de ti dejando un espacio que generalmente será ocupado por los sentimientos y las emociones que se convertirán en algo fluido y libre. Ahora, mientras respiras, conviértete en la estructura que has elegido. Tus pensamientos, tu cuerpo y tus percepciones provienen todos del punto de vista de esa estructura. Tú *eres* la estructura.

¿Qué notas en ti mismo? ¿Cuáles son tus fortalezas y debilidades, cuál es tu visión del mundo desde tu punto de vista? ¿Qué partes de ti funcionan bien con tus otras partes? ¿Qué partes de ti te resultan difíciles? ¿Cómo crees que te ve el mundo? ¿Qué te gustaría cambiar? ¿Tienes alguna idea de cómo cambiarlo? Ahora permite que tu atención, como el objetivo, tome la dirección que quiera y vaya a donde quiera ir mientras haces el seguimiento de la experiencia. Experimenta la experiencia. Tal vez te des cuenta de que distintas partes de tu cuerpo son distintas partes de la estructura, diferentes lugares de conflicto o de logro. Permítete convertirte realmente en la estructura en una forma cada vez más profunda y detallada. Toma nota de tu experiencia a medida que regresas a incorporarte en lo mejor posible de tu ser.

Ahora te dejo hacerlo solo. Practica cómo ser médium en un estado más alerta. Recuerda documentar toda la información que recibes. Elige algo o alguien a quien realmente quieras conocer para que puedas relacionarte con tu motivador interno, con tu curiosidad. Ya conoces el procedimiento:

- Elige tu objetivo.

- Supón que tú *eres* el objetivo.

- Nada en tu experiencia tiene que ver ya contigo.

- Piensa en el "yo" con el "yo" como tu objetivo.

- Reporta tu experiencia, sin olvidar que todo lo que experimentes, en cualquier forma, lo estás experimentando como tu objetivo.

Toma nota de tu entorno, de tus pensamientos, sentimientos, recuerdos e interacciones, que llegarán probablemente fragmentados y no siempre en forma coherente. Sé paciente, sé diligente.

Cómo emplear la capacidad de ser médium en tu vida diaria

Como ya lo dije, a diferencia de otras formas de intuición, no tienes que esperar la información cuando estás practicando ser médium dado que te has *convertido* en la información. Al practicar esta técnica *eres* ahora aquello que quieres conocer.

Sin embargo, a diferencia de la precognición (de la que hablaré más tarde), la capacidad de ser médium no te ofrece una perspectiva individual. Es menos probable que puedas encontrar una correspondencia o incluso alguna precisión acerca de lo que rodea al objetivo porque tienes un punto de vista —tú eres el objetivo.

La mejor forma de utilizar la capacidad de ser médium es "entrar y salir" de este estado rápidamente. Con el acierto rápido que expliqué al principio del capítulo, en sólo treinta segundos, puedes saber lo que estás buscando y convertirte en tu objetivo, con tu atención dirigida automáticamente a la parte de ese objetivo que tiene que ver con tu meta. Sal de allí incorporándote en tu mejor yo. Una vez que te habitúes a hacerlo, lo harás de forma instintiva durante el día (y durante la noche) cuando la situación lo requiera. Al igual que con cualquier destreza intuitiva, la capacidad de ser médium será mejor cuando se base en un patrón saludable, en una respuesta subconsciente sólidamente diseñada para encontrar cierto tipo de información. Lo que ahora sólo puedes hacer con enfoque y control, con la práctica se convertirá en una herramienta de la que te beneficiarás sin tener que ser consciente de que la estás utilizando.

Otro uso maravilloso de la capacidad de ser médium es detectar posibilidades. Sí, dije posibilidades. Supongamos que eres un médico y que tienes unas pocas alternativas de medicamentos para tratar el dolor muscular. No sabes cuál es la causa del dolor muscular crónico del paciente pero quieres resolverlo en la forma menos tóxica y más útil posible. Puedes utilizar la capacidad de ser médium para convertirte en tu paciente y experimentar cómo reaccionaría a cada uno de los medicamentos, siempre tomando notas.

Digamos que piensas sacar al mercado un nuevo producto en septiembre. Puedes *convertirte* en tu mercado y experimentar si vas a desear ese producto lo suficiente como para comprarlo. Si la respuesta es no, puedes intercambiar las variables. ¿Lo quieres como un producto para la Navidad o como un producto para el verano? Te puedes convertir en un mercado que desearía tu producto ¿Qué te haría comprarlo? ¿Tendría que haber algún cambio en el producto o sólo en su mercadeo? Puedes intentar utilizar la capacidad de ser médium en una forma mínima, no comprometida, que no tenga ningún efecto negativo.

Al igual que con todo trabajo intuitivo, no te limites a prestar atención únicamente a lo que te interesa (en el caso de aprender a ser médium, la persona, la empresa o la situación en la que intentas convertirte). Cuando estés siendo médium en el futuro (y hablaremos más al respecto en la precognición), presta especial atención a lo que ocurre a tu alrededor y cómo te afecta directamente. Al igual que con otras destrezas auditivas, es importante tener en cuenta lo que crees que es tu objetivo antes de hacer de médium, y saberlo de manera específica para poder ser consciente de tus juicios y tus tendencias.

Te darás cuenta de que a lo largo del día tienes por lo regular una sensación momentánea de estar inundado por algo o por alguien. Puede ser una experiencia de asistir a un evento mundial, puede ser la persona que está cerca de ti, tu pareja —las posibilidades son infinitas. Esta es una capacidad espontánea y no voluntaria de convertirse en médium y vale la pena prestarle atención. No te darías cuenta de que ha ocurrido si no hubiera una buena razón. Es una señal que intenta decirte algo.

A medida que desarrollas tus demás destrezas intuitivas a lo largo de este libro, irás descubriendo que puedes combinar de varias maneras el ser médium con dichas otras formas. Por ejemplo, puedes mezclar el ser médium con la precognición. Puedes convertirte en el dólar dentro de un año (hay que ser exactos con la fecha) o en la industria dentro de una década. Puedes ser tu obra de arte dentro de cinco años. La información que obtengas te permitirá hacer ajustes ahora y posicionarte con éxito y cambiar los acontecimientos antes de que ocurran (lo cual siempre es lo mejor). O también puedes mezclar la capacidad de ser médium con tu capacidad de cambiar la forma como te afecta el pasado. Tienes muchos recuerdos formativos que al experimentarlos desde el punto de vista de otra persona se convertirían en elementos transformadores para ti. La sanación (de la que también hablaremos después) es un proceso dinámico y la capacidad de ser médium puede cambiar un evento del pasado que hasta este momento te ha limitado significativamente de alguna forma.

Puedes mezclar la capacidad de ser médium con la autosanación. Del lado paterno de mi familia, hay muchos casos de cáncer de piel. Mi padre se somete a cirugía unas cuantas veces al año para extirpar estos cánceres. Ahora su nariz está hecha de un injerto tomado de su frente porque el cáncer de piel la dañó en gran medida. Gracias a un excelente cirujano, sigue siendo un hombre muy apuesto. Viví en una playa en Italia, al sol desde el amanecer hasta el atardecer, bronceándome, despellejándome y produciendo abundantes pecas al lado de mis amigos de piel más oscura. Después de un tiempo, mis pecas se fundieron unas con otras dándome a mí, que soy una persona de ojos azules y piel blanca con pelo rojo, algo de color.

Claro está que con la sabiduría de la edad, me aterraba pensar que también yo pudiera tener ese terrible cáncer de piel. Realmente tenía todos los factores de riesgo y había ignorado las advertencias de mi padre de que me cubriera y usara filtros solares. A medida que fui trabajando cada vez más en sanación para otros, usé algo del conocimiento que había obtenido en mí misma. Cada día, por unos pocos momentos, me convertía en mí cuando era joven, en la playa. Me cubría con protector solar. Entraba a la casa para escapar del sol. La semana pasada, ante la insistencia de mi padre, fui a consultar a su cancerólogo. Quedó sorprendido de ver que, dada mi herencia familiar, mi color y mi historia, no tuviera evidencia de cáncer ni precáncer de piel.

He utilizado una técnica similar en mi leve trastorno autoinmune, que me produce dolor muscular y una máscara facial rojiza. Sólo lo experimento cuando no descanso lo suficiente o cuando estoy bajo un exceso de estrés. ¿A que no adivinas por qué no se resuelve? Para mí es algo adaptativo. Lo necesito para que me indique cuándo debo detenerme, descansar, tomarme un tiempo para mí. De esto hablaré más a fondo en el capítulo sobre sanación, pero para propósitos de aprender la capacidad de convertirse en médium para la autosanación, hay que encontrar un síntoma actual que haya sido el resultado de un comportamiento o trauma del pasado y utilizar la capacidad de ser médium para regresar a tus años jóvenes y cambiar lo que hiciste.

Ya sea que estés utilizando la capacidad de ser médium teniendo en cuenta su orientación como una práctica diaria, integrada en tu rutina o que lo estés dirigiendo a una meta específica, esta herramienta te dará información detallada y completa para controlar el mundo desde tu sofá. Sabrás exactamente cómo manejar las personas y las situaciones utilizando sus propios recursos, idiomas y destrezas. Entre más consciente estés de esta capacidad, menos tendrás que hacer para realmente obtener tu resultado. Te sorprenderá el número de nuevas experiencias, de formas de experimentar y de puntos de vista que existen. Todo esto te convertirá en una persona totalmente realizada, si lo permites.

Cómo capacitar a otros en el arte de ser médium

Capacitar a otros para desarrollar esta poderosa destreza intuitiva es algo muy satisfactorio tanto para el maestro como para el alumno, ya sea en una relación de uno a uno o en un entorno de grupo. Es la destreza intuitiva más fácil de enseñar y los alumnos pueden obtener retroalimentación inmediata sobre sus resultados.

Haz que cada una de las personas de un grupo elija un objetivo en el que quieren que se convierta un médium.

En un grupo, organiza a los participantes en parejas y diles que se van a turnar entablando conversaciones con su socio como el objetivo que han elegido.

Dile a la persona que ha elegido representar primero el papel de sujeto que simplemente le dé al médium un nombre con la menor información de identificación posible (por ejemplo, "Jackie", sin decir quién es Jackie ni si Jackie es hombre o mujer). Indícale al médium que suponga que es esa persona, sin tratar de imaginar quién pueda ser dicha persona.

Dile al sujeto que tiene unos pocos minutos para entablar una conversación con el médium. El sujeto deberá iniciar la conversación. Ambas partes deben tomar notas y comparar sus referencias después del ejercicio.

- A veces el objetivo será un hombre, pero la médium siempre se expresará como mujer o como empresa o como tu esposo. Esto no es un reflejo de la orientación sexual de tu objetivo ni de que la médium esté equivocada. Como sujeto, debes permanecer comprometido en el diálogo y permitir la posibilidad de que se puedan presentar percepciones exactas de forma metafórica o simbólica.

- Pídele a la médium que verbalice rápidamente sin mayores pausas hasta que el sujeto haga otra pregunta. Esto impedirá que la médium se retraiga de nuevo en sí misma y le permitirá dar información detallada que sería difícil de suministrar si pudiera "oírse" ella misma expresándola.

• Una médium puede expresarse de forma que a veces resulta incómoda para ella una vez que el ejercicio ha terminado, aunque lo más probable es que no recuerde mucho de la experiencia. Basta con recordarle que fue otra persona.

• Los sentidos de una médium suelen experimentar partes del objetivo y luego los detalles se completan solos. Tal vez la médium es tímida y no se atreve a decir ciertas cosas como persona, por lo que se expresa entonces como si fuera una empresa.

• No es frecuente que las personas experimenten su nombre, rango y número de serie. La médium experimentará lo que el objetivo está experimentando. ¿Con qué frecuencia te sientas por ahí y te pones a pensar, "Soy mujer" o "Estoy en Nueva York"?

• La médium tenderá a expresarse como lo haría el objetivo. Si el objetivo no habla de amor en persona, por ejemplo, será difícil alcanzarlo a través de una médium, pero la médium sí tiene la oportunidad de cambiar.

La retroalimentación que debe darse, especialmente en un grupo donde se siga un proceso continuo, no tiene que ver con la exactitud de la médium en un determinado momento sino en qué tan productivos fueron los resultados de la negociación en último término. Por "negociación", me refiero al diálogo que se produce mientras la médium estaba afuera de ella misma como algo/alguien más.

Los peligros de ser médium: cómo mantener tus límites

Una vez que la mente se libera de la idea de que no puedes convertirte en alguien o en algo más, tu destreza de ser médium se desarrollará rápidamente. Al igual que con la telepatía, ser médium es algo que dirige tu vida constantemente. Siempre estarás experimentando todo un universo de personas en tu interior y pensarás que la experiencia es la tuya. (La diferencia con la telepatía es que la comunicación se produce principalmente en acción e ideas, mientras que al hacer de médium se experimenta directamente a la otra persona).

El simple acto de sacar de tu interior a todo el mundo por un momento, puede darte la orientación, la claridad y el valor que necesitas para hacer muchas cosas por ti que antes pensabas que no podías hacer. Uno de los dones de dominar el arte de ser médium es la capacidad de reconocer cuando tienes plena posesión de tu poder y tu atención. Cuando sientes las necesidades, el dolor y las metas de otra persona y actúas como si fueran tus propios problemas. Combinar esta capacidad con tu incorporación en tu mejor yo —sano, feliz, pleno y en tu hogar contigo mismo y con el mundo— es la mejor forma de entender el poder de ser médium. No es fácil, pero es increíblemente potente.

Para poder identificar de qué se trata ser médium y cuál es tu proyección, tienes que practicar ser médium para también practicar ser tu mismo (la incorporación), sin que haya tantas personas en tu interior. Por lo general, mi regla habitual incluye "una persona por cuerpo". La práctica diaria de la incorporación te ayudará a reconocer cuándo estás siendo un médium descuidado y excesivamente indulgente.

Rodéate de personas que tengan atributos que quieras adquirir y permítete aprender a medida que enseñas, como lo haces en cada interacción.

Cómo desarrollar la capacidad de ser médium inclusive mientras duermes

Hablando de practicar a diario, esta es una destreza que se puede desarrollar inclusive de noche, cuando otras partes de tu mente están accesibles.

Antes de acostarte, anota o simplemente tómate un momento para pensar en las interacciones confusas que has tenido durante el día, así como en las que pueden haber tenido un potencial positivo. Si trabajaste en este capítulo hoy, tus metas estarán automáticamente en esa lista. Es posible que también desees hacer una lista de quiénes están en tu interior, la voz de quién salió hoy de tu boca y te puso en problemas o quién no te permitió decir lo que querías desde el fondo de tu ser. ¿Como quién actuaste cuando no actuaste en tu mejor interés? Haz una lista de estas personas o estas dinámicas y deséchalas o practica algún otro ritual para recuperar tu espacio interior.

En la mañana, al despertar, anota hacia dónde se dirige tu atención. Los recuerdos con los que despiertas, las ideas, los sentimientos, los nuevos puntos de vista, deseos, ansiedades. Durante el día, revisa tu lista. Puedes encontrar que tu estado de sueño te preparó, a través del arte de ser médium, para poder navegar mejor por los deseos y puntos de vista de otros y así alcanzar más fácilmente tus metas. También puedes darte cuenta de que los objetivos parecen haberse desplazado, como si te hubieran experimentado en una forma que hubiera producido un acuerdo. Este es el uso activo del arte de ser médium. Puedes cambiar a las personas de adentro hacia afuera, algo que analizaremos en más detalle en el capítulo sobre sanación.

Cómo desarrollar el arte de ser médium a través de la práctica diaria

Conviene utilizar un cuaderno para registrar tus experiencias (ver la página 25), porque la retroalimentación que recibas puede no ser inmediata y convendrá rastrear tu proceso. Las siguientes son algunas simples preguntas diarias que te puedes plantear, como forma de aprovechar el arte de ser médium:

- ¿De quién sería el punto de vista que me convendría experimentar hoy? Utiliza rápidamente el ser médium para conectarte con estas personas.

- ¿Cuáles son las situaciones que debo conocer más a fondo hoy? Usa el arte de ser médium para conectarte con estas situaciones.

- Sé *tú* dentro de doce horas. Pregúntate: ¿Cómo estoy? Con esta información, ¿qué puedes hacer ahora para tener un día mejor, más exitoso y más productivo?

• Elige una situación de tu pasado. En esa situación "sé" alguien distinto a ti. Pregúntate, ¿qué aprendí de esta experiencia? ¿Cómo cambia mi percepción del pasado? ¿Cómo me puede ayudar este cambio a mejorar lo que soy ahora?

• ¿Qué elecciones debo hacer acerca de mi vida? Utiliza el arte de ser médium para ensayar distintas alternativas y experimentar los resultados.

Entre más practiques el arte de ser médium, más efectiva será tu habilidad. Sé creativo; los usos posibles son ilimitados y se presentan a diario. Los siguientes son otros ejemplos:

• Presta atención a los momentos en los que no te sientes como tú mismo y permítete ser consciente de a quién o qué estás experimentando y por qué.

• Cuando debas utilizar una destreza que no dominas (matemáticas, conversación social, oratoria, negociaciones), utiliza el arte de ser médium para convertirte en alguien que sí domina esa situación. ¿En quién podrías convertirte ahora que pudiera darte la experiencia de ser un experto negociador (o lo que fuera)?

• El arte de ser médium es una excelente herramienta en momentos de estrés para poder darte un respiro de ser tú mismo. Utiliza el arte de ser médium para recobrar tu anterior estado de mayor calma o el de alguna otra persona, distinta a ti, que pueda aliviar tu estrés.

CAPÍTULO 4

Telepatía

Hay sólo dos formas de vivir la vida: Una es como si nada fuera un milagro. La otra es como si todo fuera un milagro.

—ALBERT EINSTEIN

NOTAS

Ejercicio de acierto rápido para la telepatía

1. Elige tu objetivo.

2. Sé claro en cuanto a quién deseas enviarle el mensaje.

3. Sé claro en cuanto a qué quieres que esa persona haga o sienta cuando reciba el mensaje.

4. Sé consciente de cualesquiera emociones fuertes o agendas ocultas que pudieran interferir con el envío de un mensaje claro a esa persona.

5. Permite que tu intuición te haga consciente de cualesquiera razones por las cuales dicha persona tal vez no desee responder tu mensaje.

Lo que experimentaste en el acierto rápido

En el acierto rápido, al igual que con la intuición y el arte de ser médium, tú eliges tu objetivo. Una idea clara de tu objetivo es indispensable en la telepatía, dado que las personas, las situaciones y los mercados cambian de un momento a otro, por lo que lo mejor es que el mensaje que envíes "sea" como es ahora. Es posible que hayas utilizado una combinación de sentidos que te resultan más fáciles para representar tu objetivo: algo de visión, tal vez una pequeña parte de sentimiento, algo de conocimiento, tal vez el perfume de esa persona, o la forma como se le oye en ese preciso momento. En cualquier caso, lo más probable es que haya sido una mezcla de percepciones.

Entonces, eliges tu meta, que, en este contexto, fue el mensaje. Lo importante aquí es tener una meta o un mensaje claro, o alguna forma en la que desees que tu objetivo responda. Una vez que hayas elegido esa meta es posible que hayas experimentado otros mensajes que hayan podido "enredarse" en el mensaje que deseas enviar.

Después permitiste que la intuición encontrara cualquier resistencia al mensaje en esa persona. Si envías un mensaje de manera que pueda encontrar resistencia en la persona a quien va dirigido, debes tener presente que hay otra forma de llegar. Tal como ocurre con cualquier diálogo o argumento, las ideas deben transmitirse por una vía que el objetivo pueda aceptar y digerir con facilidad.

Una vez que tengas la conciencia de todos los elementos, ya no tienes que hacer nada más que enviar el mensaje. Cuando inviertes tanta energía mental en perfeccionar algo, ya lo estás enviando. El don y la dificultad de la telepatía radican en que todo el tiempo estás enviando mensajes telepáticos, ya sea voluntariamente o no.

¿Qué es la telepatía?

La telepatía se considera comúnmente como la capacidad de leer el pensamiento, aunque para mí esta es una definición limitante del verdadero potencial de esta maravillosa herramienta innata. La telepatía es tu capacidad innata de orientar los pensamientos y comportamientos de otros; es también tu propia vulnerabilidad, por lo que puedes ser manipulada por instrucciones o deseos telepáticos (conscientes o inconscientes) de terceros. Por ejemplo, ¿cuántas veces te has sentido disgustado, asustado o inseguro, sólo para darte cuenta después de que alguien estaba disgustado contigo? ¿Cuántas veces has actuado en contra de tus propios intereses debido a los mensajes subliminales de otra persona? Esta sensación innecesaria de misterio puede cesar ahora mismo, porque con la herramienta de la telepatía, aprenderás a enviar un tipo de mensaje que obtiene las respuestas deseadas del mundo a tu alrededor. En este capítulo dominarás la telepatía para cambiar tu futuro mediante el cambio de este momento, mediante tu propio cambio y el cambio de todo lo que es pertinente en tu entorno. Al igual que con todo lo demás en este libro, la idea es que estas herramientas se traduzcan en algo fácil de usar en el mundo de los negocios. Siempre empiezo con el individuo como ejemplo, entonces, sólo cambio mis palabras para adaptarlas a tus necesidades de negocios. Ya sea que utilices la telepatía para tu éxito profesional y/o personal, podrás experimentar el uso efectivo de tu propia capacidad telepática y aprender a entrenarla para alcanzar metas positivas.

La telepatía es una herramienta útil en tu vida diaria, tanto para enviar mensajes en forma adecuada como para defenderte de las influencias dirigidas hacia ti. Cuando dominas el uso de la telepatía, adquieres la capacidad de atraer las oportunidades, de prepararte adecuadamente para ellas y de reconocer y poseer una oportunidad cuando se presenta. Además, te darás cuenta de que gastas menos energía en ser guiada erróneamente y manipulada por los demás.

En esta forma, la telepatía te ayuda a determinar un rumbo tranquilo, poderoso y productivo para ti, cada día antes de enfrentarte al mundo, y también te ayudará a revelar nuevas alternativas acerca de cómo responder a las cosas que te llegan. Uno de los mayores dones de una verdadera conciencia de telepatía en tu vida es que tendrás, quizá por primera vez, la experiencia de estar en plena posesión de tu libre albedrío, con un conocimiento puro de tu verdadero yo. Disfrutarás tu propia compañía y descubrirás que eres tú mejor amigo, asistente, intuitivo, portadora de sanación, compañero de juegos y compañero de alma. Pocas veces he conocido a alguien que no se enamore de sí mismo cuando adquiere la capacidad de conocerse y conectarse con su propia esencia por primera vez, sin las muchas interferencias telepáticas que por lo general habría supuesto que eran parte de él mismo.

En las últimas décadas ha habido un gran interés dentro de la comunidad científica en las investigaciones de si la telepatía o la comunicación a distancia existen realmente. Si te interesa, te invito a que busques en Google "telepatía" e "investigación/ciencia/estudios". Sin embargo, mi objetivo para ti en este capítulo es que veas cómo funciona la telepatía para ti y que domines el uso de la telepatía para cambiar tu vida. Verás que la telepatía, una vez que seas consciente de ella, demuestra su propio valor.

SE PUEDE UTILIZAR LA TELEPATÍA DE INNUMERABLES FORMAS:

- Para enviar instrucciones claras y efectivas a todos los que te rodean y obtener de ellos las respuestas deseadas

- Para defenderte de los mensajes confusos, desorientadores y/o manipuladores que, consciente o inconscientemente, te envían sin cesar los demás

- Para enviar tus mensajes con fuerza y efectividad y liberarte de las agendas ocultas subconscientes que enturbian tus resultados

- Para establecer una base sólida para tu trabajo antes de ir a la oficina

- Para negociar una cooperación

- Para saber lo que piensa y planea tu oponente y poder convencerlo de lo contrario de antemano

- Para recobrar tu ser y tu vida, librándote de los mensajes viejos que todavía llevas en tu interior, a veces durante décadas, y que desvían tu progreso hacia tus metas

- Para solucionar problemas a distancia

    ...todo desde tu sofá (a que me quieres, ¿no?).

Más adelante encontrarás algunos ejercicios simples de telepatía. Te recomiendo que los mantengas simples. No intentes ser perfeccionista y agotarte; considéralos, en cambio, como simples rutinas que te permitirán comenzar a utilizar la telepatía a lo largo del día.

Qué mensajes estás enviando ahora mismo, para bien y para mal

Antes de entrar a explicar cómo usar efectivamente la telepatía, tenemos que considerar los impedimentos para tu habilidad natural. En este momento quiero que te fijes en las conversaciones que tienes en tu mente y en tu corazón, que no tienen una meta real. Estas incluyen conversaciones con personas que te han herido en el pasado; discusiones que, aún si han sido resueltas, no han tenido un resultado positivo; deseos de reconocimiento que realmente no te aportan ninguna ganancia tangible; discusiones con el mundo en general o con un Dios demasiado esotérico para soportar resultados reales en tu vida; inclusive conversaciones que habitualmente sostienes contigo mismo, y que te restan empoderamiento. Te animo a anotar algunas de estas cosas. La mente es un lugar muy desordenado y tener todo esto escrito te ayudará a recordar que debes reorientar tus energías hacia los usos positivos y poderosos de la telepatía que vas a aprender hoy.

Ahora elige una de las conversaciones que habitualmente

llevas en tu mente y permítete ser muy consciente de todos los detalles. ¿Qué estás diciendo, qué estás tratando de lograr que la otra persona oiga? Si tuvieras una meta para esta conversación, ¿cuál sería? Si se resolviera a tu favor, ¿cómo sería esa solución y cómo podría ayudarte? Si, con base en esas percepciones, hubiera una medida productiva que tomar, pondera las ventajas y las desventajas. Si las ventajas son mayores, actúa. De lo contrario, pon tu atención en alerta e indícale que esta ya no es una conversación que te permitirás tener. ¿Cómo hacerlo? Eligiendo en cambio reorientar tu atención a las conversaciones productivas que te ayudan con tus nuevas metas. Este "deshierbe" de los lugares en los que pondremos nuestra telepatía se convertirá en un proceso constante.

Otro obstáculo a tu telepatía para avanzar hacia tus metas claras y productivas es una falta de conciencia de a quién pertenece la telepatía que recibes. A veces, tú eres, habitualmente, el que te quedas fijo en ciertos diálogos o en ciertas personas, sin embargo, con frecuencia, son los demás quienes se están comunicando contigo. Captemos primero el interés de tu intelecto, para que puedas saber quién puede estar teniendo una conversación que tal vez no sea de interés para ti. Haz una lista corta. Podría ser tu empleado, una hermana, tu ex, tus padres, un amigo, cualquiera que te venga a la mente. De hecho, es posible que, sin darte cuenta, estés sosteniendo un diálogo con la persona a el que le quitaste el puesto en el tren esta mañana. Para tener *verdadero* control de tu habilidad telepática, *tienes* que ser la voz más fuerte, el enfoque más claro y más nítido de tu propia energía y de tu propio espacio.

Considera lo siguiente: el libre albedrío es, de muchas formas, una ilusión. Jamás dejamos de enviar y recibir "órdenes" de y desde cuantos nos rodean, así como de los que se encuentran a distancia, pero lo cierto es que, normalmente, percibimos estas "órdenes" como si viniera de nuestro propio interior. Entre más consciente puedas estar de a qué voz estás respondiendo, más podrás controlar la orientación de tu vida y elegir lo que realmente deseas. Gran parte de la telepatía que envías al mundo que te rodea se basa en patrones que has desarrollado en respuesta a tu experiencia de vida, en contraposición a lo que realmente funciona *ahora*, aquí, en este momento. Aprender a enviar telepatía clara te permite tener una presencia adecuada y efectiva ante los demás para lograr tus metas actuales. La única forma de hacerlo es ocupándose simultáneamente de estos diálogos telepáticos — tal vez con personas que no has visto en décadas— que todavía consiguen orientar tus creencias, comportamientos y acciones.

La telepatía es una de las muchas formas como nos comunicamos con nuestro entorno y entre nosotros. Sin embargo, a diferencia de los atributos personales más obvios, como la apariencia y la naturaleza de nuestras personalidades, la telepatía es una poderosa herramienta *subliminal* que podemos poseer. Podemos comunicarnos claramente con otros, sin palabras e incluso a distancia —también, a veces, por razones que explicaré después, mientras dormimos. Podemos aprender a enviar potentes mensajes de atracción lo suficientemente específicos como para llevarnos a personas que aún no conocemos y a las que es importante que lleguemos a conocer. Por otra parte, la telepatía también nos alerta acerca de las decepciones en forma de patrones que quienes no son hábiles en la telepatía atraen hacia ellos, una y otra vez.

Usos indebidos de la telepatía

Cuando practicas telepatía en otra persona, creas o fortaleces una conexión con ella. Si lo haces para algo que estás tratando de superar —tal vez un viejo amor— te sentirás tan comprometida y afectada por el mensaje telepático como la persona a la que se lo envías y puede ser muy nocivo para ti. No quiero decir con esto que jamás debas utilizar la telepatía para dejar en claro tu posición, para ser escuchado o para decir algo que hubieras querido haber dicho, pero debes tener cuidado de no exagerar su uso. Recuerda en cambio que debes incorporar tu propia meta inicial, de forma separada, aparte de lo que sea tu meta, para así poderte desprender y proseguir una vez que hayas establecido la comunicación telepática.

Para las víctimas de abuso (sea físico, sexual, verbal o emocional), aunque el deseo de sanación es completamente comprensible, rara vez será la persona que hizo el daño quien venga a sanarte. Ten cuidado y no uses la telepatía de forma que pueda traumatizarte de nuevo. Dada la potencia de la telepatía, no te sorprendas si tu objetivo (el antiguo abusador) intentara más tarde hacer telepatía contigo para continuar el diálogo telepático que tuvieron; debes estar preparado para manejar esta situación si llegara a presentarse.

A veces, aun con la más clara de las telepatías, no podrás lograr que alguien haga lo que quieres, simplemente porque cada uno tiene su propio sentido de determinación. No obstante, sí puedes mejorar tu posibilidad de obtener un resultado presentando una y otra vez tu mejor caso. Sin embargo, si continúas insistiendo, será hora de preguntarte por qué no estás concentrando tu atención en una meta más digna.

Sé el capitán de tu propia nave telepática

Aunque gran parte de tu vida se rige por tu subconsciente, *puedes* tomar el control de tu vida en un momento. Permite que ese momento sea ahora.

Durante el día, comprueba quién y qué recurre y reaparece en tu mente; antes de irte a la cama es el mejor momento para tomar en cuenta los aspectos, problemas, esperanzas, placeres y personas en los que estás pensando. Con frecuencia estos pensamientos representan mensajes telepáticos de otros, en muchos casos, mensajes que esas mismas personas no saben que están enviando y que tal vez quieras desentenderte de ellos de forma consciente. Recuerda que entre más seas quien está a cargo, más poder tendrás para dirigirte hacia el cambio. En lo que respecta a la telepatía, procuro seguir una regla general: una persona por cuerpo.

Tu concepto del libre albedrío es retado cuando realmente experimentas la telepatía y confirmas cuántos de los mensajes y las notas de las demás personas se introducen de forma subrepticia en lo que crees que es tu propio libre albedrío, en especial cuando se trata de relaciones cercanas. No puedo enfatizar lo suficiente la importancia de experimentar de verdad, al menos por unos momentos cada día, tu propio sentido de ser. Aclarará y simplificará tu vida y te permitirá construir una forma de vivir que te convenga, sólo con compromisos conscientes.

La manera de aprovechar este sentido de ser es a través de la incorporación, una herramienta intuitiva que ya hemos explicado anteriormente, y que es, en realidad, la única autodefensa psíquica que funciona. La incorporación es el acto de habitar plenamente en uno mismo. Cuando estás llena de ti, todo lo que no sea tú se desplaza a la conciencia y puedes decidir si quieres o no mantenerlo como parte de tu motivación. La maravilla de las herramientas intuitivas es que la telepatía se contrarresta con la incorporación y viceversa. En la segunda parte de este capítulo aprenderemos prácticas diarias que aclaran, dirigen y mejoran tu telepatía para que se convierta en una parte empoderante de cada uno de tus momentos.

Ahora comencemos a utilizar la telepatía para crear un cambio real y duradero.

Primero lo primero: debes estar especialmente consciente de los estados emocionales destructivos que puedas estar enviando. Si tu jefe te desespera, desahógate en otra parte para poder encontrar la posición telepática correcta que te permita encontrar una forma de resolver el problema que sea benéfica para ti. Puedes utilizar la telepatía para disgustar, descarrilar o perturbar a alguien, pero ¿vale realmente la pena dedicar a esto tu tiempo y tu energía? Éste es un uso contraproducente de la telepatía, tu enfoque deberá estar en crear metas positivas para tu vida.

Todos nos quedamos atascados en el lado bueno y el lado malo de las cosas, pero las personas poderosas y eficientes se centran en el comportamiento que consigue los resultados correctos.

Repasemos un día típico utilizando la telepatía para ayudar a "reconfigurarte" y reconfigurar el mundo que te rodea. En primer lugar, repitamos qué es realmente la telepatía: la telepatía es tu habilidad innata de guiar los pensamientos y conductas de los demás, así como tu propia vulnerabilidad, para influir en la telepatía de otros. La telepatía puede utilizarse a distancia o, inclusive, en alguien que aún no has conocido.

Digamos que buscas una pareja con la cual iniciar una familia. Tu objetivo se convierte en esa persona, quienquiera que sea. Es posible que recibas una imagen o un cierto concepto de esa persona, o tal vez no. Puede ser una "serie" de personas que cumplirían los criterios o la descripción imaginada. Utilizarías el mismo protocolo telepático que aprendiste en la primera parte de este capítulo, pero lo enviarías a todas las parejas disponibles. La misma técnica es efectiva para encontrar un buen empleador, el médico perfecto, un buen amigo o una comunidad más amable. Tu trabajo de preparación debe poder experimentar tus objetivos con mayor claridad y, si no tienes ya lo que estás atrayendo telepáticamente, la intuición entrará a suplir esta carencia para que tu objetivo sea cada vez más claro a medida que repites el ejercicio.

Una palabra de advertencia: no sugiero que utilices esta técnica en una relación amorosa en la que tu pareja te haya rechazado. Recuerda las advertencias: sólo te enredarás más en la situación. Lo que sí sugiero es que practiques la comunicación telepática con el tipo de persona que quieres atraer y con la conexión que deseas tener. Si tu viejo amor cumple en forma realista los objetivos, recibirá el mensaje (por así decirlo) y responderá. Recuerda que un elemento importante de la telepatía es el de los cambios que crea en la forma como la practicas, permitiéndote convertirte realmente en la persona que puede lograr ese "sí" de tu objetivo. Considero que ésta es la parte más sanadora y útil del proceso telepático.

A lo largo de este capítulo seguiremos utilizando la telepatía para restablecer tu capacidad de tener cada vez mejor control de tu entorno y de cómo funcionas en él. Para lograrlo tendrás que hacer algo más que simplemente leer. En realidad, tendrás que hacer los ejercicios que se incluyen en este capítulo. Al hacerlo, lograrás un cambio dramático en ti mismo y en las respuestas que recibas del mundo que te rodea. La intuición, la capacidad de obtener información confiable y correcta de la energía que todos compartimos, la energía que no conoce diferencias entre el pasado, el presente y el futuro te ayudará a experimentar la información y a desarrollar la capacidad que tal vez te haya podido faltar en tu experiencia directa de vivir. Usar la telepatía es más fácil que usar tu imaginación. No tienes que "inventar" ni "crear" tu telepatía. Vendrá a ti. Sólo tienes que seguir el hilo de tus pensamientos y tu atención. He venido enseñando este material durante casi treinta años, de modo que, con base en la experiencia y con gran confianza, puedo decir que (créelo o no) sé que tienes esta habilidad.

Lo bueno de la telepatía es que no tienes que creer en esta habilidad para utilizarla. Muchos de ustedes ya lo han hecho efectivamente al practicar el acierto rápido al comienzo de este capítulo. Piensen en la telepatía como algo que está en constante actividad, subyacente a nuestra conciencia. No te preocupes de si estás o no haciendo lo correcto ni de si tu imaginación está compitiendo contra tu intuición real. Los efectos de este capítulo en tu vida te responderán estas preguntas. Lo lindo de la intuición es que si sigues mis instrucciones, aunque sea de forma imperfecta, es posible que logres el proceso perfecto para ti que supera el mío propio. La intuición es directa, precisa e individual. Tú eres tu mejor maestro. Soy simplemente una guía para llevarte hacia esta parte poderosa de ti mismo.

Realmente te recomiendo que mantengas un diario para tomar notas acerca de los mensajes que envías, así como de las respuestas que recibes. Al documentar tu sorprendente habilidad de crear resultados positivos para ti mediante la telepatía, vivirás en la verdad de que *tú* eres un súper poder. Por otra parte, cuando tu subconsciente y tu ser consciente ven en blanco y negro que la telepatía es una útil herramienta de negociación y que te protegerá impidiendo que pierdas tu libre albedrío dejándolo en manos de otros, liberarás la autorización interna de utilizar la telepatía de forma consistente y precisa en el futuro. Se trata de un constante proceso de dominio.

Disfruta la telepatía. Envíame algunos mensajes sanadores y te responderé. Ahora ya estás bien preparada para trazar tu propio curso en el mundo utilizando la telepatía...

Y habrás emprendido tu camino hacia controlar el mundo desde tu sofá.

Cómo enviar un mensaje telepático

Si sabes cómo enviar un correo electrónico, permíteme ser la primera en decirte que también puedes enviar un mensaje telepático. Seamos más específicos acerca de cómo enfocar la telepatía en situaciones específicas, comenzando por lo básico. Los siguientes son algunos pasos importantes para prepararse a enviar cualquier tipo de mensaje telepático.

- Elige tu objetivo. ¿Se trata de un grupo, una persona o una situación? Ten una idea clara de qué o quién es tu receptor o tu objetivo. Algunos no lo "vemos" con claridad. Esto de ninguna forma debe impedirte hacerlo. Tienes muchos sentidos que te pueden dar una idea clara de tu objetivo. Puedes oler esa persona, sentirla o simplemente tener la seguridad de que está ahí.

• Ten una idea clara del tipo de acción o respuesta que quieres obtener de tu objetivo. ¿Qué quieres que tu objetivo sienta, haga, exprese, cambie, y cómo quieres que te perciba?

• Fíjate en cualquier agenda oculta que pueda haber al elegir este mensaje. ¿Quieres que tu jefe te dé un aumento, o quieres que reconozca tu verdadero valor? Elige una y sé muy clara mientras mantienes esa otra agenda intrusa fuera de tu telepatía. Enfócate en la meta productiva. ¿Quieres que tu esposo se sienta mal por la forma como se comportó o quieres negociar cambios? Una vez más, sé muy claro en cuanto a tu agenda y pon toda tu energía en tu meta.

• Ten en cuenta las razones (que conoces) por las que esta persona tal vez no quiera responder a tu mensaje. La intuición o esos destellos de visión interna pueden darte algunas nuevas razones en las que no hayas pensado antes. Aquí es donde puede ser útil llevar un registro a fin de poder cambiar la forma como envías el mensaje en el mismo momento de enviarlo para que se adapte al marco de referencia al que esa persona estaría más dispuesta a responder.

- La telepatía no siempre es instantánea y no siempre se da en tiempo real. (Tiende a funcionar más rápido con alguien con quien ya tengas un contacto íntimo regular, puesto que ambos estarán constantemente en los sentimientos, pensamientos y experiencias del otro). Por eso es indispensable llevar un registro de los mensajes telepáticos intencionales que envías y de la respuesta que se puede presentar una o dos semanas después.

Resumamos nuestro protocolo básico para enviar un mensaje telepático:

- Elige tu objetivo.

- Conoce tu meta o la respuesta que quieres recibir de tu objetivo.

- Ten en cuenta las agendas ocultas.

- Permítete ser consciente de las razones por las cuales tal vez tu objetivo no desee responder.

- Conviértete en tu mensaje, con todos tus sentidos (piensa como cuando eres médium).

- Pon tu objetivo delante de ti.

- Ubícate cerca de tu objetivo mediante la incorporación y la experiencia de la conexión entre tu objetivo y tú.

- Permanece abierto a recibir nueva información de tu objetivo y varía tu mensaje o tu incorporación según sea necesario.

Puedes hacer esto por unos segundos o por unos minutos. Conviene repetir la telepatía sobre el objetivo para que se convierta en parte repetitiva de la experiencia. Los publicistas han demostrado que es precisamente la exposición repetitiva lo que logra las ventas.

Hay algunos puntos acerca de estos pasos que debemos analizar. Es importante tener un enfoque claro de la persona o el objetivo en *tiempo presente*. En especial cuando intentas comunicarte con alguien con quien tienes una historia, es posible que te encuentres "hablando" con esa persona como la persona que fue en una época. La telepatía da mejor resultado cuando la intuición puede darnos información acerca de quién es la persona *ahora* y qué tiene que sentir en relación contigo para que puedas obtener la respuesta a tu deseo.

También es importante tener una meta para el mensaje. La meta puede ser simplemente tranquilizar o consolar a la persona, pero sin una meta, el mensaje sería sólo estática e inclusive podría no recibirse con claridad.

Una de las partes más difíciles de practicar la telepatía es saber lo que realmente se quiere lograr. Como ya lo preguntamos anteriormente, ¿quieres que tu jefe te valore o lo que quieres es un aumento? Es posible que estas metas estén en conflicto una con otra, por lo que debes tener una idea muy clara de lo que sientes y lo que deseas bajo la superficie, y estar alerta a no distorsionar la señal.

La intuición acerca de tu objetivo se conectará automáticamente tan pronto como consigas el enfoque. Recibirás una gran cantidad de información acerca de lo que la otra persona necesita sentir, oír, ver, saber, etc., para que la respuesta sea "sí". Realmente te sugiero que anotes esta información mientras te preparas a practicar la telepatía y que sigas teniendo en cuenta la nueva información que te va llegando sobre tu objetivo.

El siguiente es el ejemplo de uno de mis alumnos:

• Objetivo: Un empleador al que él ha visto una vez.

• Meta: Quiere que esta persona le ofrezca un trabajo.

• Agenda oculta: Quiere ser incluido con los "grandes" y ser reconocido por sus talentos especiales. Quiere ganar muchísimo dinero.

• Razones por las cuales tal vez el objetivo no desee responder: El objetivo tiene tantas personas más calificadas para ese puesto que no está interesado en esta persona; el objetivo tendrá ciertas reservas acerca de esta persona (quien envía el mensaje ya ha sido advertido de que debe dar la impresión de ser directo y seguro, y un buen abogado para el objetivo dentro de la empresa); por último, un sentido de que quien envía el mensaje podría ayudar personalmente al objetivo en su propia vida.

Ahora, quien envía el mensaje debe encontrar en sí mismo la persona que pueda transmitirle mensajes al objetivo. Para hacerlo en forma efectiva, parte de tu trabajo consiste en *creer* realmente en el mensaje que estás enviando. Tienes que hacer cierto trabajo interno para incorporar la autenticidad de tu intención.

Sé muy claro acerca de a quién le estás enviando el mensaje y utiliza todos tus sentidos para obtener una sensación visceral de la persona en el momento actual y experiméntalo como si estuviera frente a ti. Cada uno de ustedes tendrá un sentido dominante. Algunos podrán ver a la persona delante de ellos, otros podrán sentirla y algunos simplemente sabrán que la persona está ahí. Todos utilizamos una combinación de nuestros cinco sentidos, pero, por lo general, nos centramos de preferencia en nuestro sentido más fuerte.

Cuando se envían mensajes telepáticos, se tiene la tendencia a enviar palabras. Ya tenemos tal cantidad de palabras en la cabeza que ésta es una forma muy ineficiente de telepatía. Debes enviar una escena de cuerpo entero, en la que participen todos tus sentidos para obtener el interés de todos los sentidos de tu objetivo. Tú debes ser tu propio mensaje.

Una vez que integres a tu vida todas estas técnicas, practicarlas no te debe tomar más de unos segundos. No caigas en la trampa de la perfección. Tu propia intuición te ayudará a hacerlo correctamente según tus destrezas y necesidades específicas y únicas.

Una palabra sobre la autenticidad

Es evidente que si piensas que tu jefe es antipático, que tu colega es un tramposo o que tu cónyuge es un(a) infeliz, será difícil —y con frecuencia no será prudente— cambiar tu verdadera opinión de ellos como si se tratara de lanzar una moneda al aire. Sin embargo, puedes enviar un mensaje auténtico de aceptación, amor, cooperación o cualquier otra cosa que necesites que esa persona experimente, utilizando tu memoria (una escena de esa ocasión en la que esa persona te cumplió, te hizo reír o creó algo maravilloso contigo), o puedes maniobrar por todo tu proceso hasta alcanzar unas pocas cualidades o escenarios positivos acerca de ella (lo que no siempre es fácil) e incorporarlos. Dado que gran parte de lo que enviamos se transmite a través del subconsciente, entre más consciente estés del aspecto positivo de lo que quieres enviar, mayor será la probabilidad de que se transmita con más claridad. Antes de estar listo para enviar con éxito un mensaje, debes encontrar en él algo que sea creíble para ti.

Telepatía a la hora de dormir

El momento de conciliar el sueño es uno de los más propicios para enviar mensajes telepáticos, dado que probablemente el destinatario estará más dispuesto a recibirlos. En el sueño, tanto el remitente como el destinatario están menos distraídos por las exigencias y las estructuras de la vida en sus horas de actividad y, por lo tanto, son más receptivos al mensaje y están más abiertos al cambio.

Sabemos que en forma subconsciente enviamos mensajes telepáticos todo el tiempo, sabemos también que los demás nos los envían. Por lo tanto, es importante que tomemos decisiones éticas y productivas acerca de qué enviaremos y qué recibiremos, en especial durante ese potente y vulnerable período de sueño. Preparémonos. Pregúntate:

- ¿Con quién quiero comunicarme mientras duermo? ¿Cuál es la meta de esta comunicación?

- ¿Qué situaciones en mi vida quiero negociar durante mi sueño? ¿Qué resultado me gustaría tener con estas negociaciones?

- ¿Qué preocupaciones o problemas quisiera resolver, en mi interior, mientras duermo?

Que tengas dulces sueños; te deseo negociaciones productivas y sanación durante la noche.

Los procesos telepáticos

La telepatía es la energía intuitiva que tiene el efecto más fuerte y más persistente en tu proceso de pensamiento día a día —y en la forma como puedes dirigir tu energía hacia tu propia meta sin que interfieran muchas otras voces en la mezcla. Conviene practicar para mantenerte despejada y en posesión de tu propia voluntad.

En este proceso:

- Enviarás instrucciones claras y eficientes a las personas que te rodean, y obtendrás de ellas las respuestas deseadas. Es importante que practiques algunos de estos ejercicios al menos una vez por semana.

- Te defenderás de los mensajes confusos, desorientadores y manipuladores que, consciente o inconscientemente, te envían todo el tiempo los demás.

- Enviarás tus mensajes con fuerza y efectividad y te librarás de las agendas ocultas del subconsciente que enturbian tus resultados.

- Volverás a ser dueño de ti mismo y de tu vida, te librarás de los mensajes viejos que aún llevas en tu interior, a veces desde hace décadas, y que, en último término, te impiden alcanzar tu meta.

- Negociarás y detectarás problemas a distancia.

- Atraerás hacia ti las personas y las experiencias correctas.

El proceso telepático 1

Aquí está: sólo escribe y fluye con tus respuestas, el resto se revelará solo. La conversación debe fluir hacia ella misma.

Necesito poner fin a la conversación con _____

_____

Considero que _____
me está hablando. Esto es lo que dice: _____

_____

_____

_____

Esta es la respuesta que quiere: _____

_____

_____

_____

Decido permitir o no permitir que esta conversación continúe. Puedo/no puedo dar la respuesta que desean. Si puedo, la enviaré ahora. Si no puedo, esperaré y dejaré que la intuición me guíe a mi próxima respuesta.

¿Qué sentimientos experimentas que te estén perturbando? Si haces el seguimiento de los sentimientos con tu capacidad de conciencia, ¿son tus sentimientos o se está generando algo más hacia ti por parte de otra persona? Si, sin que tú lo sepas o en forma subconsciente, alguien te está enviando un mensaje telepático, ¿a quién podrían pertenecer estos pensamientos o sentimientos?

El proceso telepático 2

El siguiente proceso te permite rastrear la telepatía y sus respuestas y verificar su exactitud. Elige un mensaje telepático consciente para enviar a lo largo del día, a una situación o a una persona con la que quisieras intercambiar experiencias.

Objetivo: _____

_____

Esta es la telepatía que envié y la información que recibí:

_____

_____

_____

_____

Resultado: _____

_____

_____

_____

¿Cuáles son mis preocupaciones? _____

_____

_____

_____

¿Con quién o con qué tengo dificultades? _____

_____

_____

_____

¿Cuál me gustaría que fuera el resultado con estas personas
o con esta situación? _____

_____

_____

_____

¿Cuáles son mis esperanzas y mis deseos? _____

_____

_____

_____

Define cómo enviarás el mensaje según lo que presientes que
la persona pueda responder.

Intégrate con la persona que está experimentando tu mensaje
(para que se experimenten mutuamente a la vez).

Presta atención al intercambio y continúalo por el tiempo que lo consideres productivo.

El proceso telepático 3

Ahora repítete estas frases cada noche antes de irte a dormir:

- Me comprometo a resolver estos problemas ahora, para poder estar en plena capacidad y crear la vida que deseo.

- Me comprometo a entrar en contacto con la persona, los grupos y las situaciones que me ayudarán a convertirme en la persona que quiero ser y a crear la vida que quiero llevar.

CAPÍTULO 5

Telepatía de calor corporal

Es el silencio entre las notas lo que da forma a la música.

—PROFETA ZEN

NOTAS

Ejercicio de acierto rápido para telepatía de calor corporal

1. Elije tu objetivo. Éste puede ser alguien que conoces, alguien que querrías conocer o "tu pareja ideal" que aún no has conocido

2. Permite que tus sentidos encuentren la zona caliente —la zona de los deseos, de tu objetivo.

3. Observa la información que reciben tus sentidos cuando se dirigen hacia tu objetivo.

4. Encuentra esos sentidos, esas cualidades dentro de ti mismo, tu propia "zona caliente", tal vez utilizando una ayuda de memoria.

5. Experimenta una conexión en la energía o el espacio que hay entre tú y tu objetivo.

6. *Conviértete* ahora en la "zona caliente" de tu objetivo. Alcanza tu incorporación de su experiencia ideal convirtiéndote en su ideal y en él (tu objetivo) a la vez.

7. Fíjate en la nueva información que recibes mientras practicas este ejercicio y adapta tu ser de conformidad con ella.

8. Prepárate y mantente abierto para experimentar el calor corporal.

Lo que experimentaste en el acierto rápido

Elegiste primero tu objetivo y permitiste que la intuición adquiera un sentido de tu objetivo en el tiempo y el espacio. Luego usaste tu telepatía para identificar las necesidades de placer de tu pareja.

Si hiciste este ejercicio de forma eficiente, utilizaste tu intuición para descubrir esas cualidades de un ser humano que se refieren a necesidades y deseos en ti mismo, aunque esto haya requerido unir momentos fugaces de tus distintos recuerdos. Incorporaste esas cualidades y experimentaste la conexión entre esa otra persona y tú en cualquier forma en la que hayas podido hacerlo. Es posible que hayas sentido realmente la conexión o que la hayas visto físicamente o que simplemente hayas sabido que estaba ahí. Utilizando la respiración, la atención y uno o más de tus sentidos, conectaste la parte atractiva de ti con tu objetivo.

A medida que el objetivo empezó a responder, intuiste la respuesta y adaptaste lo que estabas enviando para crear más (o menos) atracción de calor corporal.

¿Qué es la telepatía de calor corporal?

La telepatía de calor corporal, o el intercambio de un mensaje experimental, sensorial, de cuerpo entero y de gran atracción a otra persona, se puede utilizar de muchas formas y en muchas situaciones. Te mostraré técnicas relacionadas con la telepatía para utilizar durante el día en una forma que te sana y a la vez transforma tu modo de atraer a las personas en tu vida —incluso a aquellas que te gustaría que entraran a formar parte de tu vida.

Aunque no lo creas, a veces, el mejor sito para encontrar el verdadero amor es tu sofá. Antes de salir para una fiesta, para una invitación a cenar o a pasear por el vecindario y atraer lo mismo de siempre, como siempre lo has hecho, si utilizas la telepatía de calor corporal puedes convertirte en la persona capaz de enamorarse de alguien correcto para ti. Con esta herramienta, comenzarás a notar un nuevo sentido de apertura cuando saques la basura (tanto en sentido literal como en sentido metafórico), cuando tomes el tren para ir al trabajo y cuando decidas que hoy vas a hablar con los de telemercadeo cuando llamen. El amor se presenta de tantas formas... pero sólo cuando estés listo.

SON INFINITAS LAS FORMAS EN LAS QUE PUEDES UTILIZAR LA TELEPATÍA DE CALOR CORPORAL:

• Para prepararte para una relación antes de iniciarla

• Para atraer la pareja adecuada

• Para descubrir partes atractivas de ti mismo

• Para compartir el placer como una forma de vivir la vida

• Para saber lo que los demás necesitan ver en ti para responder

• Para adoptar una posición de negociación más estratégica

• Para encontrar aceptación en tu mercado

...todo desde tu sofá.

Aunque este capítulo utiliza el marco conceptual de una atracción física y romántica dinámica, todo lo que aquí se explica es útil también para la vida de negocios. Un mercado tiene que enamorarse de tu producto. El calor corporal funciona con tus colegas, vecinos, clientes y parientes (y la lista continúa, dado que la mayoría de las relaciones de tu vida necesitan una energía dinámica visceral para progresar). Uso mucho la palabra *amor* en este capítulo y el amor es a lo que quieres que el mundo te responda a ti y a las cosas que creas. Por lo tanto, puedes utilizar este capítulo para encontrar, evolucionar o, inclusive, poner fin de forma adecuada a una relación romántica y también para crear una exigencia —un amor— para tu servicio, tu producto o cualquier otra cosa de valor.

¿Cuál es la causa de la atracción?

Cada vez que alguien entra a una fiesta, los amores potenciales se atraen mutuamente como si estuvieran predestinados a estar siempre juntos. Los pulsos se aceleran, la atención se agudiza y, de alguna forma, se establecen conexiones. Los meses siguientes son un frenesí total. Entonces, lo comprendes: innegablemente están destinados a permanecer juntos. Ambos lo han sabido y lo han sentido desde el momento en el que se conocieron.

Al término de un año, ya no se aguantan. Estás aburrido, desilusionado y, si tienes suerte, no te has casado aún. ¿Qué ocurrió? Lo más probable es que ese supuesto "amor verdadero" se ajustó a algún patrón familiar. Tal vez esa persona te recordó a un ser querido de tus años de adolescencia. O, si el efecto fue realmente abrumador, tal vez se trataba de una mujer en momento de la ovulación que químicamente aumenta su atractivo y le predispone a buscar pareja. O tal vez estaba tomando anticonceptivos que tienden a desorganizar la capacidad de encontrar compañeros genéticamente adecuados. Otro impacto: tal vez eran lo suficientemente distintos desde el punto de vista genético que sus químicas no interfirieron con la atracción. Después de todo, los estudios muestran que las similitudes genéticas pueden interferir con la percepción del atractivo de una persona, una característica de encontrar pareja que resulta útil para no dejar pasar inadvertidos ciertos rasgos de herencia genética.

El siguiente es otro escenario. Entras a una fiesta y ves a alguien que te parece irresistible. Intentas hacer contacto de todas las formas imaginables, pero él/ella simplemente no se da cuenta de que estás ahí, o si lo hace, no parece interesado(a). Incrementemos la apuesta: son genéticamente compatibles; hay elementos comunes en cada una de sus historias de amor/patrones de la adolescencia; y además, la mujer está ovulando. ¿Qué ocurrió? ¿Qué salió mal? ¿Por qué no se fijó en ti?

Sin que tú lo supieras, el mensaje que estabas enviando estaba desanimando a tu pareja potencial. No se trataba de tu aspecto, de lo que tuvieras puesto, ni de tus primeras palabras (si llegaste hasta allá). Fue el mensaje subliminal, complejo y sutil, el ser sensorial telepático que estabas emanando. Cuando doy un seminario, uno de los descubrimientos más sorprendentes para mis alumnos es la fuerza con la que sus pensamientos, sentimientos, expectativas y temores se difunden a las personas que los rodean.

A fin de cambiar esta escena por una en la que tú y tu pareja en cuestión se enamoren y se pierdan en el atardecer, las cosas tendrían que ser así: imagina la misma escena ya descrita. Todas las señales te indican que sigas adelante y no obstante tu pareja prospectiva no parece interesada. Sin embargo, en esta oportunidad, utilizas primero tu intuición para tener la sensación de lo que tu pareja potencial necesitaría experimentar en relación contigo a fin de interesarse; luego experimentas e incorporas tu propio ser y el de esta persona en una energía dinámica de pareja. Así puedes también experimentar la conexión entre estas "partes atractivas" de ti que no funcionarán si te engañas e intentas ser algo que no eres. Debes ser sinceramente tú, la parte de ese tú auténtico que atraería a esa otra persona. De repente la persona, que hasta ahora no te había prestado la más mínima atención, comienza a tenerte en cuenta. Bingo. Otra victoria para la telepatía de calor corporal. Vayamos aún más allá. ¿Qué hace que alguien sea atractivo? ¿Por qué es fácil sentir atracción hacia unas personas mientras que otras, por más que se esfuerzan, logran tan poco? El propósito de este libro es dar respuesta a esta pregunta y analizar las herramientas para atraer hacia ti el amor correcto. La soledad es endémica en nuestra cultura. Son muchas las razones que llevan a esta situación, demasiadas para mencionarlas en lo que yo pretendo que sea una estrategia corta y útil para el cambio. Basta decir que si has comprado este libro, ya tienes un sólido sentido de la forma fundamental en la que el amor y la conectividad definen nuestras vidas —o al menos *debería* definirlas. Este capítulo está diseñado para ser aplicado latido tras latido, día tras día, en tus momentos de éxito y en esos momentos inevitables en los que te tambaleas. Creo que casi todos aceptarían que no hay peor dolor que el de un corazón roto. Para muchos de nosotros, nuestros corazones se rompen desde el momento mismo de nuestro nacimiento y tomamos como propio el sufrimiento y las fallas de quienes nos rodean.

He conocido personas que nunca han sido amadas, pero aún no he conocido a ninguna que no haya amado. Esto es porque el amor y el sentido de unión están firmemente cableados en nuestro ser desde el día que nacemos. Se corta el segundo cordón umbilical, queremos unirnos a alguien por completo. Si lo vemos así, nacemos a este mundo amando. Tienes (y siempre has tenido) una capacidad innata, totalmente desarrollada de amar. Sin embargo, es frecuente que nos encontremos buscando adultos que han sufrido tanto daño que ya no son capaces de amar. Por lo general, estos adultos son nuestros padres, que han experimentado demasiadas pérdidas, abusos, miedos o juicios como para poder conservar su capacidad innata, total y saludable de amar. Debido a que como bebés amamos y nuestro amor crece a medida que desarrollamos nuestra conciencia de los demás en los primeros años de vida (hasta que el intelecto y el ego se desarrollan e intervienen), como adultos solemos buscar el mismo tipo de personas que conocimos cuando éramos jóvenes, personas incapaces de querernos realmente desde el comienzo. Este patrón, esta "asa de amor" debe readaptarse para permitirte elegir una relación que te ofrezca lo que mereces, quieres y necesitas con todo el corazón.

El verdadero secreto de la atracción es un *auténtico amor propio*. A medida que avanzas en tu propósito de atraer el amor verdadero, estarás reclamando realmente tu corazón como exclusivamente tuyo —completo, fuerte, pulsátil y poderoso, como está destinado a ser desde el momento en que naciste. Escribo esto como la dueña de un corazón en un largo proceso de sanación de toda la vida. Nací de una mujer cuyo mayor deseo era morir. Muchos de ustedes tienen historias similares. Indeseado, no preparado o simplemente lesionado inadvertidamente, has estado buscando tu corazón entero desde que sufriste tus lesiones originales. Ahora puedes ver con *todo* tu corazón. Lo que busques de todo corazón será lo que encuentres. Esos lugares en lo más profundo de tu ser, en tus sentidos, recuerdos, pensamientos y sentimientos, allí donde te escapas para sentirte realmente bien, estos son los lugares donde tienes tu poder de atracción y no, como suele pensarse, en los lugares que parecen sexualmente atractivos. Piensa en la diferencia entre un abrazo en el que tu pareja contrae sus músculos para que puedas sentir su buen estado físico y un abrazo de alguien que respira profundo y realmente te sostiene, o que roza tu mejilla suavemente con la suya para sentir tu piel. ¿Cuál de los dos crees que es más atractivo y cautivador?

Lo mismo ocurre con nuestra propia imagen interna de aquello hacia lo que nos sentimos atraídos. Nuestros deseos provienen ya sea de nuestras verdaderas necesidades y placeres o de nuestros seres lesionados (y a veces de una combinación de los dos). El ejemplo perfecto es la persona obesa quien solo siente atracción hacia personas delgadas, o tal vez la persona tímida que se ve atraída únicamente por los "matones". Sin embargo, ésta no es una genuina atracción. Es una compensación neurótica de un trabajo que hay que hacer en uno mismo. Por ejemplo, una persona incómodamente "perfecta", o alguien que intente parecerlo, probablemente será atractiva para alguien que busque esa misma ilusión autoimpuesta. Queremos amor verdadero pero lo que no podemos ver ni entender es que el amor verdadero es real, visceral y confuso en la más deliciosa de las formas, táctil, verdadero y apasionado. El amor verdadero no es ciego y, sin lugar a dudas, no se basa en una imagen unidimensional, acartonada de quién debería ser tu pareja, o quién "deberías ser" tú. Es un proceso de descubrimiento y creación mutua. El amor verdadero es algo que se manifiesta cuando eres fiel a la realidad de una pareja y la atesoras porque esa pareja te es fiel y te atesora a ti. La verdadera atracción tiene una infinidad de posibilidades para desarrollarse y cambiar.

En una verdadera relación amorosa de pareja, uno más uno es igual a un número infinito de posibilidades de belleza, poder, desarrollo y pasión para cada uno de los involucrados. Recuerda que tú y cuantos te rodean, están siempre en proceso de cambio. No puedes negociar un cambio de amor duradero en ti o en una pareja desde un espacio de debilidad. Sólo experimentando tu fortaleza y tu capacidad de asumir la responsabilidad de tus debilidades puedes atraer hacia ti a la pareja que más deseas. Esto no quiere decir que tengas que ser tan absolutamente equilibrada, estar tan perfectamente sanada, ni ser una persona tan plenamente evolucionada como para atraer el mejor compañero de tu vida —si eso fuera cierto, puedes creerme, todos estaríamos solos. Sólo tienes que comprometerte con el *proceso* altamente esencial y autoevaluador de sanación.

Naturalmente sólo porque te sientas atraído por alguien no significa que esa persona sea la correcta para ti. Siempre digo a mis alumnos que la intuición puede ayudarnos con la misma facilidad a encontrar la siguiente relación desastrosa o la siguiente relación adecuada. La intuición simplemente señala la dirección en la que tu subconsciente quiere avanzar, pero, para poder utilizar esta técnica y atraer a tu vida un amor verdadero, que te respalde, apasionado y sano, tendrás que trabajar un poco en relación con *a quién* estás buscando y *por qué*. De hecho, tal vez tengas que empezar preguntándote si realmente deseas el amor. Esto puede parecer un concepto absurdo. ¿No es el amor algo que todos quieren? Bien, en lo más profundo de nuestro ser, claro que eso es lo que todos queremos, pero no se trata de algo que sea siempre negro y blanco. Por ejemplo, es posible que te sientas muy solo y que creas que deseas una pareja; sin embargo, la experiencia de amor que tuviste en tu niñez pudo ser insegura, no confiable, por lo que ahora tu subconsciente te sabotea. Es posible que algunos no hayan tenido ni siquiera con quién establecer un contacto, lo que es, en realidad, un mecanismo de autodefensa para protegerse de otras lesiones. Otros pueden haberse quedado atascados en relaciones disfuncionales o tal vez intenten retener a una persona cuya atención se está perdiendo o ya se ha perdido. Al readaptar tu patrón del "código de amor" —la persona que eliges, por qué la eliges, y cómo permites que te trate— podrás permitirte admitir el amor sin peligro, irte cuando sea tiempo de hacerlo y reavivar el calor cuando el amor comience a apagarse.

Esto se aplica también a otras áreas de tu vida. Quién, qué, cómo y por qué terminas en una determinada situación en tu negocio/éxito/conexiones son factores que también pueden analizarse de esta forma.

Una ve que domines la forma como tu cuerpo utiliza la telepatía de calor corporal en tus relaciones sentimentales, te darás cuenta de que el progreso abarca la totalidad de tus relaciones, incluyendo las profesionales. Las relaciones íntimas, las relaciones prolongadas y las relaciones intensas: las conexiones profundas, entretejidas en todas sus formas, son los objetivos más difíciles de definir y experimentar con claridad. Hay tal cantidad de historia, esperanza, fantasía y proyección en estas relaciones, que requieren la mayor de las adaptaciones internas para poderlas dominar de un modo nuevo, potente y productivo. Una vez que domines esta capacidad, tendrás las más altas credenciales de telepatía.

¿A quién buscas?

Ahora mismo, pregúntate: ¿Qué hay en tu historia que esté manteniendo el amor lejos de ti? ¿De qué te puedes estar protegiendo? A diferencia de los poderes del intelecto o la imaginación, con la intuición podemos esperar simplemente la información. Cualquier cosa que llegue a nuestros sentidos, a nuestros pensamientos, sentimientos o recuerdos, o inclusive lo que podamos ver dentro de una habitación, es información que proviene de la intuición para ayudarnos a resolver el acertijo. La información puede venir de lugares aparentemente extraños, como de un amigo en quien no has pensado en años, que de pronto te viene a la mente, o una vieja canción que tienes en tu cabeza o cualquier recuerdo lejano. Permite que tu atención intuitiva llene los espacios en blanco del sitio al que intenta dirigirte o a lo que quiere que experimentes. Recuerda que, con la intuición y con el calor corporal, *esperamos* encontrar más significado que si lo estuviéramos *buscando*. ¿Qué pasó con el amigo? ¿Qué dice la letra de la canción? Si estás utilizando este libro para aspectos empresariales, se puede aplicar el mismo proceso ya sea a ti, a tu empresa o a cualquiera que trabaje para ti. La recopilación de información intuitiva general, unida a la telepatía, te irá guiando en forma segura hacia lo que quieres o hacia la persona que buscas y hacia esas partes de ti que deben ser fortalecidas para encontrar lo que deseas.

Tus heridas pueden convertirse en tus fortalezas. Cualesquiera que sean tus lesiones, si practicas el valor y te esfuerzas por obtener la sanación, ese lugar será tu don exclusivo en el amor y en todas las relaciones interpersonales. Esta parte de ti se desarrollará para convertirse en un aspecto sensual y valioso de la forma como amas. Es un don que te das tu mismo, no uno que tus padres ni ninguna otra persona te hayan dado. Puedes enviar esta parte de ti hacia otro lugar, por medios telepáticos, con gran fuerza, porque has dedicado tiempo y atención a conocer y entender sus aspectos más intrincados. El don de sanación consiste en que toda lesión, una vez sanada, produce una fuerza poderosa. Debes conocerte —debes conocer tu verdadero ser, tu ser más puro— hasta cierto grado, a fin de encontrar tu verdadera pareja. La telepatía de calor corporal funciona con la mayoría de las personas a quienes quieres atraer, pero para atraer a la persona con quien compartirás una relación realmente feliz y duradera, tienes que investigar algunas de las cualidades que crees que necesitas en tu pareja, y descubrir lo que todo tu corazón —si es que no ha sido juzgado y dañado ni ha recibido ninguna influencia negativa como resultado de las expectativas de otros— realmente desea.

Tal vez quieras tomarte un momento para permitir que la intuición te ayude a considerar lo que tus padres pudieran haber querido (o pudieran no haber querido) de ti. A veces esto sirve para centrarnos en el ideal que ni siquiera sabíamos que teníamos en mente. Más que simplemente buscar las cualidades de una persona, haz un análisis de un día en tu vida con esta persona. ¿Qué están haciendo? ¿Qué siente el uno por el otro? ¿Qué es lo que más te gusta de esta otra persona? ¿Qué es lo que esa persona sabe, ama y entiende acerca de ti que te permita sentirte a gusto?

Por lo general, nuestra lista de compras, cuando buscamos una pareja, incluye cosas que creemos que no tenemos. Por ejemplo, si crees que no puedes tener un impacto significativo en el mundo, es posible que busques una pareja naturalmente exitosa. Si no te sientes lo suficientemente atractivo, es posible que busques una pareja bien parecida que valide tu falta de confianza física con su buena apariencia. Nuestra lista de compras puede incluir el deseo de compensar ciertas privaciones o lesiones de nuestra niñez. Por ejemplo, en mi caso, nadie me cuidó cuando niña y una de mis elecciones románticas iniciales fue alguien que creí que me cuidaría; claro que siempre se paga un alto precio por el amor de compensación. Ahora es tiempo de investigar tu ideal del amor para saber si en él hay una compensación por lo que crees que no eres, que te impide buscar a alguien con quien puedas sentir realmente una conexión profunda. La intuición te da información acerca de esta búsqueda de forma inmediata y accesible.

No tienes que enfrentarte a estos breves interrogantes; simplemente toma nota de las impresiones sensoriales y de pensamientos que salen de ti y date un momento para experimentarlos. Si te resulta difícil y penoso, no se trata de intuición. Estamos muy condicionados a pensarlo todo demasiado. Sin embargo, no es así como lograremos que la intuición dé mejores resultados. Las intuiciones nos presentan un camino que debemos recorrer. Automáticamente lo tomarás y lo analizarás más tarde.

¿Qué mensajes de calor corporal estás enviando de forma subconsciente?

Comencemos con la idea de la experiencia de cuerpo entero. La mayoría no experimentamos plenamente nuestros sentidos, ni siquiera nos acercamos a ello. ¿Qué es lo que *ahora* gustas, sientes, hueles, ves, oyes? ¿Qué piensas o qué recuerdas? La mayoría de nosotros vive fuera de nuestras propias sensaciones. Una de las prácticas más importantes que podemos desarrollar para construir el calor corporal y la conciencia intuitiva es lo que yo llamo la "verificación corporal". Para hacer debidamente una verificación corporal, debes dirigir tu atención a tus sentidos y experimentarlos en más profundidad y más detalle de lo que lo haces normalmente. Hacer esto cada cierto tiempo mejorará tu salud, tu poder, tu intuición y tu capacidad de utilizar tu intuición para organizar telepáticamente tu entorno. Sin este tipo de conciencia intencional, tu calor corporal natural se pierde en los muchos otros sentidos en los que fijas tus experiencias. Por lo tanto, debes practicar para aprender a mantenerte alerta a la totalidad de tu cuerpo; esta capacidad de ser consciente de ti mismo cambiará de un momento a otro para revelar tu profunda capacidad de cambio.

La verificación corporal te ayudará también a saber exactamente quién está compartiendo el espacio contigo. No pensaste que tú eras el único que estuviera enviando y recibiendo calor corporal, ¿no es cierto? Consciente o inconscientemente todos nos enviamos mensajes telepáticos todo el tiempo. Lo único que alguien tiene que hacer es pensar en ti por más de un momento y ¡zas! de inmediato los tienes adentro. A medida que practiques tu verificación corporal te darás cuenta de quién está en ti y cuál es su agenda, de modo que podrás decidir si lo quieres ahí o no. Una advertencia: la telepatía, en especial la TCC, puede ser algo que te distraiga en gran medida. Por ejemplo, alguien puede estar llorando por verte, enviándote sentimientos de tristeza y nostalgia que luego malinterpretas como si fueran tuyos. La ira, la preocupación, inclusive los recuerdos —son cosas que pueden ocupar espacio donde deberían estar tu propio ser y tu intención.

Claro está que queremos parte de esta telepatía. Evidentemente quiero saber que mi hijo está bien o quiero saber cómo se siente mi pareja —pero sólo cuando *necesito* saberlo. Así como es importante entender el poder de cuándo utilizar la telepatía, también debemos entender cuándo nos puede hacer daño y saber cómo protegernos de él. El reto está en que siempre estamos en alerta automática con las personas que queremos o con aquellas de las que nos sentimos responsables. Entonces la pregunta se impone: una vez que reconocemos los pensamientos y sentimientos *indeseados* que nos envían los demás, ¿cómo los mantenemos afuera? Puedes creerme, no deseas sentir todo el día tu respuesta de miedo a la ira de tu ex, y obviamente no te va a ayudar a desempeñarte con todo tu potencial. No quieres ser parte del resentimiento de tu mejor amiga, ni de los celos de tu hermana, ni del desdén de tu madre, ni de una infinidad de otros mensajes que podrías captar. La única forma de defenderte de la telepatía indeseada es incorporar plenamente tu propia realidad.

Gran parte de la conciencia de aquello por lo que tienes que luchar —en el pasado, el presente y el futuro— te llegará cuando corporices tu propia realidad. Por lo tanto, necesitas hacer acopio de valor para guiar tu intuición e integrar esta información comprometiéndote, con todos tus sentidos, a resolver los elementos que quieren "ocupar parte de tu cuerpo" y habitar en lugares que podrían ser poderosamente ocupados por distintas partes de ti. Es toda una experiencia sensorial de lo mejor de ti.

Utilizar el transporte público es un experimento realmente divertido en cuanto a la telepatía. Dependiendo de la persona que esté sentada a tu lado, tus sentidos y pensamientos cambiarán. Intento, en realidad, estar físicamente cercana sólo a quienes pueden transformarme en formas positivas. La autodefensa contra la telepatía no deseada es incorporar tu propia realidad. Esto es un proceso más complejo de lo que parecería a primera vista. Gran parte de la conciencia de aquello contra lo que hay que luchar en el pasado, presente y futuro, proviene de tu grado de conciencia al momento de incorporarte. Es una experiencia totalmente sensorial de tu mejor forma de ser, es también una conciencia de lo que te impide dar lo mejor de ti. Esta conciencia, tanto de obstáculos internos como de obstáculos externos, requiere la intuición para resolverlos.

No es especialmente fácil mantener centrada la atención en tu mejor forma de ser, pero debes confiar en mí cuando te digo que es una práctica transformadora e invaluable capaz de ayudarte a comprender cómo te conectas con todo lo que te rodea, permitiéndote crear tu propio cambio tal como lo deseas. Cuando sientes la "invasión de los usurpadores de cuerpos", es el mejor momento de hacer este esfuerzo. Piensa que se trata de una experiencia en la que te inhabitas por completo de manera que no dejas espacio libre para algo que no sirva a tus mejores intereses. Una vez más, para ser efectiva, esta práctica tal vez no siempre sea algo cómodo. Cuando incorporas tu propia realidad, los primeros sentimientos y recuerdos que aparecen serán aquellos que tienes que manejar en ese momento, para poder avanzar hacia un uso más pleno de tu propio poder y tu dominio propio. Permite que estas cosas surjan —no intentes evitarlas ni reprimirlas— y luego, déjalas de lado. Tal vez desees anotarlas o respirar profundo y limitarte a verlas pasar a través de ti como una pequeña nube en un cielo azul. A veces el problema y su solución se revelarán simultáneamente.

La telepatía de calor corporal, que usa la telepatía para encender un verdadero y profundo deseo de compromiso, es algo que tiene muchos componentes, en parte porque la telepatía que enviamos y nuestros receptores de la telepatía de calor corporal de otros estaban ya bien desarrollados antes de que fuéramos seres humanos verbales, ambulatorios, ¡cuando éramos apenas unos bebés! Las raíces de lo que encontramos atractivo y de lo que atrae a los demás hacia ti son algo instintivamente profundo cuyo patrón se establece muy temprano en la vida, de modo que la transformación requiere atención y cuidados especiales a las partes más primales de nuestra conciencia. Además, el nivel de la profundidad de las conexiones que deseas intensificar o descubrir con un compañero romántico prospectivo son muchos más íntimas y riesgosas y requieren una satisfacción más visceral de lo que tal vez estés dispuesto a recibir de un amigo, un socio o un niño. También es igualmente importante saber cómo aclarar esas profundas conexiones primales que haz hecho en el pasado y que puedan estar distorsionando tu capacidad de funcionar o de atraer ahora una relación amorosa. De nuevo, recuerda que estas conexiones están almacenadas en una parte muy profunda y subconsciente de ti y que se requiere enfoque, práctica y un grado de conciencia consistente para reformarlas.

El amor verdadero te está esperando

Hecho: dentro de ti hay un verdadero amor. No importa los años que tengas, ni cuál sea tu situación, ni cuál sea tu apariencia o cualquier daño físico, emocional o espiritual que creas tener. Lo que importa es qué parte de ti elijas para experimentarlo y cómo envíes esta señal al mundo. En el proceso de aprender cómo impartir el "calor corporal" a tu mundo perfecto y atraer hacia ti el amor, el verdadero tesoro será encontrar tu verdadero y apasionado yo y el carácter íntegro de tu propio corazón.

No creo en las almas gemelas (presento sinceras disculpas a los románticos incorregibles entre ustedes). Más de una vez en mi vida he estado profundamente enamorada y conectada de una forma que aún permanece y probablemente permanecerá por siempre. Cuando experimentamos una traición, una pérdida o un cambio, con frecuencia decidimos que esa persona no era nuestra alma gemela. Lo cierto es que hay muchas personas en el mundo ideales para ti, parejas cuyos corazones, valores, personalidades e inclusive rasgos genéticos se adaptan a ti de forma que hace sentirlos como miembros de tu familia de la manera más trascendental y apasionada. Por eso es que, una vez que existe una relación, el compromiso y la comunicación son importantes y deben promoverse día tras día. Hay miles de segundas (y de terceras y cuartas y...) oportunidades en el mundo siempre con personas que pueden ser almas gemelas. Con frecuencia, tu imagen interior de tu alma gemela no se adapta a tus verdaderas necesidades.

Una de las sorpresas más agradables de estar sintonizada desde el punto de vista de la telepatía, es la capacidad de ver la belleza real, y verdaderamente interior, y la sensualidad que de otra manera no podrías apreciar en los demás. Piensa en tus años de secundaria: ¿Cuántas de las personas que te parecían atractivas se convirtieron en sapos más adelante en la vida? ¿Cuántos de los que parecían tontos son ahora superestrellas? Hay muchos tesoros por encontrar cuando los buscamos tanto con el corazón como con la cabeza, y el verdadero tesoro es la persona capaz de encontrar y apreciar el tesoro que hay en ti. Mucho de lo que buscamos en otra persona no es lo que realmente nos conecta desde el punto de vista pasional y profundo. Es sólo un patrón que surge de las expectativas y los juicios iniciales de otros y de nuestro sentido herido de nuestra propia valía. Una relación con "esa persona" desde "ese lugar" dentro de ti, no te hará sentir vivo por mucho tiempo. Es posible que algunos utilicen su calor corporal en primer lugar para atraer esa relación fantástica, esa que nos entusiasma y que por último nos desilusiona. Es por eso que, en realidad, deseo enfatizar la importancia de sanar tu propio corazón a través de este proceso de encontrar tu verdadero calor interior, el calor y el corazón con los que quieres vivir *y* con los que quieres expresarte en el mundo y con tu pareja.

Los procesos de sanación y atracción no son secuenciales. Los puedes comenzar simultáneamente, y una pareja puede ayudarte a avanzar por la parte de la sanación. De hecho, las parejas son las mejores para sanarse mutuamente, si utilizas la telepatía y el calor corporal para ese propósito. Al ir avanzando por este capítulo e ir negociando uno con otro todo el tiempo, es importante no apresurarse a entrar en una relación que nos venga al encuentro de inmediato. Comenzarás a atraer personas hacia ti, pero a medida que esto sucede, necesitas verificar constantemente tu propia sanación. Aprende a conocer a las personas que realmente quieres admitir en tu vida. Cuida bien tu precioso corazón.

Cómo utilizar la telepatía de calor corporal

A continuación explicaré la forma de utilizar la telepatía de calor corporal en alguien específico. Para propósitos de este ejercicio llamaremos a esa persona tu "objetivo". Es posible que durante el día haya personas en las que quieras utilizar tu calor corporal para predisponerlas a ti. En el capítulo anterior analizamos en forma más general el uso de la telepatía. Ahora podemos explorar cómo influir en prácticamente cualquier persona utilizando la capacidad telepática (en la forma de telepatía de calor corporal) y cómo defenderte contra la telepatía de los demás mediante la capacidad de filtrar las influencias que dejarás entrar en ti y en qué momento lo permitirás. Para propósitos de esta sección, nos centraremos en el amor.

En este punto deberás tener algún sentido básico de cómo se siente experimentar, en términos generales, tu propio estado de calor corporal. Ahora analicemos en detalle el calor para una persona u objetivo específico. Como ya hemos dicho, el primer paso tiene que ver con adaptar el calor corporal a una persona o un objetivo específico permitiendo así un cierto sentido de lo que ellos necesitan sentir de ti en ese momento para que les resultes interesante.

Recuerda que no puedes simplemente imaginar o inventar una persona que quisieras ser. En realidad necesitas encontrar primero esa persona dentro de ti —y creer con todo tu corazón que esta parte de ti existe. El diálogo telepático que entablarás con tu objetivo se produce de subconsciente a subconsciente, y si no estás sintonizada con tu mejor forma de ser, lo que el subconsciente de la otra persona captará de tu telepatía, será un ruido blanco que no proviene de ningún sitio genuino dentro de ti. Sin embargo, tienes dentro de ti muchos sitios para encontrarte tal como eres, la persona que está en sincronía con lo que tu objetivo necesita. Pero antes tienes que creer que tú eres muchas personas que tal vez nunca hayas conocido. Llegar a conocerte, a conocer más de ti y las demás partes de ti, es todo parte de la diversión.

Durante el trabajo realizado en la primera parte de este capítulo, tu "radar" habrá quedado orientado en la dirección correcta.

No serás una de esas personas que no ve lo que para los demás es claro, ni cuya atracción esté guiada por partes lesionadas de ti mismo que, inconscientemente, buscan lesiones adicionales. En mi libro *Welcome to Your Crisis* (Bienvenido a tu crisis) analizo una regla de vital importancia: no más daños. Esta regla se aplica a la vida diaria y también a los momentos de crisis o de cambios dramáticos. Cuando decides cambiar, necesitas algo más que tus recursos actuando eficientemente a tu favor. La idea es superar las viejas lesiones y tener muchísimo cuidado de no incurrir en nuevos daños. El reto está en que el nuevo daño no siempre es obvio. Podría venir en forma de almorzar con alguien que ves una vez al mes porque han sido amigos durante décadas, pero alguien que, de alguna manera, siempre te hace sentir indefensa. Podría ser gastar un dinero que no tienes porque crees que si compras ropa nueva podrás incorporar una nueva tú. Cualquier cosa que "sea", ten cuidado y mantente alerta y no agregues leña al fuego que ya está caliente. Sigue fielmente la regla, que con mucha gratitud obtuve de mi psiquiatra, el Dr. Frank Miller: ¡No más daños!

Ahora que tu atención está centrada en mantenerte a salvo y centrada en tu sinceridad, concentremos de nuevo la atención en tu objetivo: en la persona a la que quieres trasmitirle tu calor corporal. Permite que tu atención se dirija a esa otra persona. No tienes que mirarla o inclusive estar cerca de ella para hacerlo. Sólo experimenta tus sentidos, tus pensamientos y sensaciones extendiéndolos hacia la otra persona y luego permítete experimentar lo que la otra persona necesita, desea, anhela, cuál es su fantasía de amor y qué puedes ofrecerle para satisfacerla. Al comienzo, sentirás que simplemente imaginas la información pero, con el tiempo, a medida que avanzas hacia el núcleo de tus verdades amorosas, verás que extiendes tus sensores intuitivos hacia la otra persona con mayor facilidad y mayor claridad, lo cual te prepara para recibir cada vez la información que requieres. Siempre me preguntan: "¿Cómo hago para saber que se trata de información intuitiva y no producto de mi imaginación?". Hay algunas formas de saber que *no* es intuitiva, pero la única forma de saber que realmente *es* intuitiva, es si tu información es genuina. El proceso de entender cómo separar las necesidades genuinas de las artificiales requiere tiempo y repetición, dado que todos piensan que sus éxitos iniciales son simple coincidencia. De nuevo, debes comenzar cuestionándote. Limítate a ser consciente de los sentidos que se despiertan y ensaya varias veces un ejercicio de acierto rápido. El resultado será evidente.

Cuando envíes tu calor corporal a alguien es importante que mantengas tu conciencia de la sensación visceral —el área plena de información entre tú y tu objetivo— y la información constantemente cambiante que irás recibiendo acerca del otro. Estarás enviando sentimientos, escenas visuales, temas de una historia, sabores, olores o incluso movimiento. Todo lo que un ser humano puede sentir es algo que puedes percibir acerca de otro, sentirlo dentro de ti y enviarlo al otro. Ilustremos en un papel un ejemplo a manera de práctica.

Digamos que estás en una cafetería (lo siento, sé que es un cliché). Ves y sientes que alguien puede ser la persona correcta para ti. Haces una verificación rápida de los ejercicios de la primera parte de este capítulo para asegurarte de que no te estés metiendo en ningún problema (¡No más daños!). Te preguntas cosas como: ¿Es esta persona alguien que se adapta a mi patrón neurótico usual? ¿Es mi verdadero amor ideal?

Si todos los sistemas te dicen adelante, centra tu atención en lo que está sucediendo dentro de esa persona, utilizando la misma técnica que utilizaste en el capítulo 1 sobre recopilación de información (intuición), aunque ahora con tu ideal de amor como objetivo. El ejercicio de acierto rápido al comienzo de este capítulo te puede guiar, pero para lo que nos interesa aquí, debes practicar cómo hacerlo con rapidez —por ejemplo, en una fiesta o una reunión donde puede haber muchos objetivos presentes. La idea es que quieres poder determinar lo que distintas personas piensan del amor y fusionar los resultados en un tú atractivo, lo más pronto posible. Permitirás que tus sentidos se desplacen hacia esa parte de él o ella que contiene *su* ideal de amor, y si estás atento y centrado, será tu atención la que llene ese lugar. Es posible que todo te parezca información aleatoria, pero sigue tu intuición para saber que se está formando una especie de panorama más amplio. Las cosas se pueden dar así: puedes recibir la imagen de una casa, por ejemplo en Connecticut, y creer que puede ser el lugar donde esa persona creció; oyes personas que ríen, que tienen sus propias vidas pero que son conscientes de compartir una base amplia y sólida. Ahora sientes dentro de ti mismo la capacidad de formar parte de este grupo. Ahora sientes que él o ella desea a alguien que realmente lo apoye en su trabajo, una verdadera pareja. Cuando recibas esta sensación experimentarás también la forma como esa persona experimenta la sensualidad, una agradable tranquilidad, un delicioso llegar a casa, muchísimas conversaciones y un contacto físico fácil. Recibes la imagen de una familia numerosa y te insertas en esa imagen con agrado. Encuentras a esta persona dentro de ti, y al hacerlo, sientes que estaría interesado(a) en el hecho de que hayas dejado un gran trabajo para iniciar tu propia compañía. Luego te sorprende sentir que él/ella ama la aventura y que quiere ser aún más aventurero(a). Percibes un olor a vainilla, y lo agregas a tu calor corporal sensorial. Y así sucesivamente...

Ahora incorpora la persona que has encontrado dentro de ti y que se adapta a su ideal. *Sé* esa persona. Puedes utilizar porciones de recuerdos para formarla o tener acceso a partes de tus sentimientos generales o a cualesquiera otros sentimientos que consideres que representan su ideal de amor. Cuando estés incorporando realmente este ideal, pon en práctica todos tus sentidos para establecer la conexión entre la persona que está dentro de ti con el interior de él o ella. A veces podemos darnos cuenta de que "insuflamos" esa sensación y la transmitimos, o en otras ocasiones podrás ver que la conexión avanza con un cierto color entre ustedes dos. Algunas podemos sentir simplemente la conexión o "saber" que está ahí. Cada cual es único en la forma como utilice sus sentidos para experimentar la intuición. Tal vez te des cuenta de que no eliges tu modalidad típica. Quienes tienden a utilizar el sentido de la vista tal vez utilizan ahora el sentido del olfato. Esto se debe a que intuitivamente utilizan la modalidad de recepción del objetivo. Claro está que podemos utilizar todos los sentidos a la vez (y esto debería ser un poderoso envío de calor corporal), pero no debe sorprenderte descubrir que tienes una preferencia.

Una vez que hayas incorporado la posición correcta de calor corporal y hayas iniciado el diálogo telepático, tienes dos alternativas: una es enviar y esperar, la otra es sólo enviar cuando sientas que ha llegado el momento correcto de hacer contacto. No olvides que tu intuición te dará mucha información que no has solicitado pero que de todas formas te será útil para tomar la decisión de enviar o esperar. ¿Tiene esta persona una relación?

¿Cómo se siente en este momento? ¿Qué lo incitaría como línea de apertura? Y así sucesivamente. Muchas relaciones sólidas comienzan como amistades y van creciendo en comprensión y paciencia hasta que llega el momento de "¡ajá!".

Si eliges la segunda opción (y la intuición te ayudará a orientarte), querrás utilizar el objetivo que haz elegido para decidir cómo abordarlo sin romper la conexión de calor corporal telepático. Sin embargo, si esto llegara a ocurrir, una vez que hayas establecido contacto, querrás permanecer "caracterizada" (es decir, explotando esa persona que representa tu mejor manera de ser) lo que puede requerir cierta práctica.

Ya haz hecho esto antes sin darte cuenta. Por ejemplo, tengo amigos con quienes siempre he utilizado lenguaje soez. Sin embargo, también tengo amigos con quienes aparece una parte más condescendiente y más acomodaticia de mí. De una u otra forma, siempre sé, intuitivamente, qué tipo de mi personalidad debo adoptar. Todos inconscientemente hemos utilizado el calor corporal durante nuestras vidas. Te estoy mostrando cómo utilizarlo intencionalmente y con resultados específicos.

Cómo utilizar el calor corporal en una relación romántica existente

Para utilizar tu calor corporal en una relación ya existente debes experimentar a la otra persona como si no estuviera conectada a ti. Es posible que quieras ubicarlo con los ojos de tu mente en algún lugar frente a ti, a distancia. Debes imaginar que no estás conectada a esa persona de ninguna forma. Considérala un extraño, alguien nuevo a quien debes descubrir. Antes de avanzar al siguiente paso, debes asegurarte de ser capaz de crear un cambio en la relación. Algo de lo que detectes intuitivamente (de hecho, casi todo) despertará una reacción en ti. Debes mantenerte alejada de tus reacciones, que se originan en tu antigua conexión con esta persona y en la forma como *crees* que quieres que te experimente y que experimente su vida contigo. En otras palabras, procura ser consciente de la forma como tiendes a reaccionar a la información que se distribuye y encuentra algo —un pensamiento, una actividad, una respiración profunda, *cualquier cosa*— para cancelar esa reacción.

Incorporarás entonces tu estado de sinceridad total. Te advierto que no debes avanzar al segundo paso de este ejercicio hasta que estés firmemente arraigado en el primero.

Permite ahora que tus sentidos se extiendan hacia el interior de la otra persona. Encuentra el lugar donde ella mantiene su estructura actual de amor y deseo. ¿Qué es lo que ansía? ¿Qué lo motiva? Tómate el tiempo de permitir que la información fluya hacia ti. Mantente a distancia, también en relación con esa información. Debes encontrarte lo suficientemente cerca como para registrarla pero no tan cerca como para reaccionar a ella. Es posible que recibas un caudal de información o apenas pequeñas partes de la misma, como "Desea a alguien que lo/la considere gracioso(a)" o "No quiere que nada cambie". Evita que se presente la paranoia disfrazada de intuición diciéndote, "Está bromeando" o "Ya no me quiere".

Por lo general lo que temes encontrar no es información intuitiva sino algún tipo de proyección emocional. Lo mismo se aplica a lo que sabes que *quieres* encontrar. Al practicar la telepatía de calor corporal debes cuidarte tanto de los deseos *como* de los miedos. Intuitivamente sabrás lo que son en su mayoría. Déjalos de lado, porque no te ayudarán a lograr tu objetivo. Al hacer esto, obtendrás información muy detallada acerca de esas partes de ti que deben ser fortalecidas en esta relación y de las que deben ser controladas. Es posible que necesites trabajar en una parte de ti mismo a la que tengas miedo y que hayas mantenido oculta durante años. Surgirán muchas nuevas posibilidades de cambio y tendrás la oportunidad de utilizarlas para transformar, no sólo la relación, sino lo que es aún más importante, transformarte tú mismo.

Bien, ¿qué ocurre con tus metas? Tal vez quieras comenzar por practicar telepatía de exploración para calibrar tus reacciones y tu interés y aclarar qué es lo que realmente quieres. Si no estás obteniendo lo que buscas realmente en una relación, donde antes lo obtenías, lo más probable es que haya también una parte de ti que se encuentre en conflicto en cuanto a si deseas a esta persona o si te agrada aquello en lo que se ha convertido. Aún si tu sentimiento consciente es que deseas continuar con esta persona, comienza a prestar más atención a esa parte de ti que tal vez no quiera hacerlo, pero que lo esté haciendo por temor o por una lesión interior. Es importante aclarar esto antes de iniciar el proceso de calor corporal. Gran parte del proceso de calor corporal y telepatía puede haberte quedado claro en la primera parte de este capítulo. Es posible que una parte de ti no lo entienda de inmediato sino que la comprensión vaya evolucionando con el tiempo y tanto tus cambios de comportamiento como tu atención te irán guiando. Presta atención a lo que haces, piensas, sientes. A medida que vas recibiendo información y puedes ir cambiando internamente, vas a obtener más información y, a la vez, irás logrando más cambios. A veces no sabrás a dónde terminará todo. Pero debes saber que estarás seguro porque estás dirigiendo conscientemente esta evolución hacia una relación plena y hacia un corazón que se ha autosanado.

Al final tu objetivo será muy claro. Puedes utilizar el calor corporal para volver a infundir pasión a una relación o para expresar necesidades y motivar comportamientos en la otra persona, con quien no haz tenido éxito en establecer un diálogo o unas actitudes tradicionales. Cuando tengas claro tu objetivo, tu telepatía de calor corporal estará en su punto más eficaz y estarás utilizando todo tu propósito y tu energía en una misma dirección.

Recuerdo a una alumna que deseó encontrar un nuevo amor porque su relación actual no estaba funcionando. Hizo el proceso de sanación y de telepatía de calor corporal y se sorprendió al descubrir que quien llegó a su vida no fue alguien nuevo sino su antigua relación pero ya sanada. Entonces, fue cambiando su calor corporal para seguir creando día tras día la relación que deseaba con ese hombre y así ir avanzando. Como ya lo he dicho, cambiamos constantemente y nuestra capacidad de responder y de convertirnos en catalizadores del cambio es clave para una relación vibrante —de hecho, es esencial para una vida vibrante y llena de alegría.

El mejor momento para utilizar el calor corporal en alguien cercano a ti no es, por raro que parezca, cuando te encuentres físicamente con esa persona. Cuando estés en su presencia, la mejor forma de utilizar tus sentidos es involucrarte plenamente con ella en forma interactiva e inmediata. El mejor momento para utilizar tu calor corporal es cuando te encuentras pleno y en calmo.

Verás que la telepatía de calor corporal con tu pareja te permitirá hacer cambios sutiles a los que ambos responderán de manera positiva. Sin embargo, debo hacerte una advertencia acerca del calor corporal y tu pareja: ya estás profundamente involucrado con tu pareja hasta el punto en el que no estarías con una persona que aún no hayas conocido o con quien no hayas compartido tiempo. En todas las relaciones hay algunas áreas donde proyectas a tu pareja cosas que se relacionan más contigo. Podría decirse que es algo así como dos hilos de distinto color, tan estrechamente entretejidos en un mismo tapiz que es difícil saber cuál es cuál. Tendrás que prestar atención adicional y dedicar más tiempo a tus propios cambios internos mientras trasmites tu calor corporal a una relación existente. En la mayoría de las relaciones, en especial en los matrimonios, cada uno desea una relación con la persona con quien está casado, pero no el tipo de relación que tiene actualmente, que lo está dejando en estado de inanición, lo está deprimiendo o lo está limitando en cualquier otra forma. Esto no quiere decir que la persona esté equivocada, lo que está mal es aquello en lo que se ha convertido la relación. Es algo que, en la mayoría de los casos, puede sanarse a través de la telepatía de calor corporal.

¿Cómo saber que una relación está siendo sanada? Porque, como podrás verlo, empezará a mejorar y se mantendrá en una evolución positiva. Claro que siempre habrá escollos. Pero la clave radica en ver la suma total de, por decir algo, treinta días, y luego poder decir: "Sí, estamos mucho mejor como pareja de lo que estábamos hace un mes".

Cuando tu pareja no cambia, puede deberse a una de varias cosas: no quiere o no está dispuesto, o simplemente no puede evolucionar. Si éste último es el caso, es probable que el trabajo que ya has hecho en ti mismo te haya dado ya mucha información y orientación de sanación para ayudarte a aceptar un "no puedo" de tu pareja. Tu telepatía de calor corporal ya ha empezado a atraer amor y sanación a tu vida. Cuando tu pareja esté lista, si lo está, responderá también a ese calor corporal telepático, siempre que se trate de la pareja adecuada para ti. De lo contrario, podrás atraer el amor y el apoyo necesarios para apartarte.

Cualquiera que sea la situación, la telepatía de calor corporal los involucra tanto a ti como a tu objetivo para avanzar hacia un estado de conciencia y cambio. En cierto sentido, siempre lo estás experimentando *con* alguien, no practicándolo *en* alguien. Te involucras más con la persona a medida que vas creando las condiciones para que ella se comprometa cada vez más contigo. No conviene que practiques la transferencia de calor corporal en alguien a quien intentas dejar. Todo lo que lograrás será enturbiar las aguas.

Cómo utilizar el calor corporal en relaciones no románticas

Muchas de ustedes tienen relaciones que han mantenido por largo tiempo —amantes, familia, amigos— muchos de los cuales pueden no estar en condiciones óptimas. En situaciones románticas, las personas tienden a pensar que la progresión natural de una relación es hacia una confortable estasis, hacia un equilibrio que ya no tiene mucho "jugo". Este es un concepto peligroso, dado que sabemos que todos estamos siempre cambiando. El aspecto positivo de esto es que, a cada momento, tenemos también la oportunidad de cambiar. Hasta el equilibrio es un estado de constante cambio que requiere ajustes y reajustes dinámicos de las personas involucradas en una relación.

Nos centraremos ahora en cómo infundir nueva energía en una relación mediante la telepatía de calor corporal. El beneficio interesante de utilizar esta técnica es que si no se puede restaurar la energía, se recibirá la claridad necesaria para apartarte con confianza. Las relaciones que se prolongan en el tiempo adquieren su propia y exclusiva *persona*. Hay dos personas (más si tienen hijos) que forman la relación, y también hay dos personas independientes, como individuos. La relación, o la familia, tiene realmente un carácter propio que puede no reflejar con exactitud a quienes la conforman. Esta relación compleja y con frecuencia estancada no siempre significa que las personas que la componen estén cerca la una de la otra. De hecho, lo más frecuente suele ser lo contrario. Dejan de verse como individuos únicos, dispuestos a descubrir algo, y se convierten, en cambio, en patrones carentes de interés y de calor, hasta que alguna influencia externa los sacude. Otra posibilidad es que pierdas tus cualidades individuales ante esa "relación" y que olvides que son tuyas. La relación te hace exitosa, o te deprime, o la relación te hace sentir segura o insegura. Una buena relación sigue siendo una negociación activa entre sus individuos que toman decisiones cada día todos los días en cuanto a trabajar en ellos mismos y en cuanto a la forma de interactuar dentro del marco de la relación. De lo contrario, la persona, constituida por la relación entra a dominar y succiona toda la vida de sus protagonistas.

Pero, ¿cómo se puede infundir calor de nuevo en una relación? El primer requisito es la distancia. No tiene que ser distancia física, pero sí algún tipo de espacio metafórico o visceral entre los dos. La distancia debe ser un desprendimiento sensorial del "nosotros" de la relación y una nueva conciencia de la existencia de dos personas individuales, en toda su complejidad particular de hombre y mujer. Claro está que, si has hecho los ejercicios de la primera parte de este capítulo, ya tienes una idea de tu propia complejidad y del poder de aquellas partes de ti en las que debes centrarte para alcanzar el éxito. Ahora debes hacer los ejercicios de la primera parte de este capítulo en la otra persona. Debes responder las mismas preguntas por él. Es posible que no esté listo o que no esté dispuesto a cambiar a una versión más sana de sí mismo; sin embargo, con la información a mano, podrás incorporar aquellas partes de ti para comprometerlo y a la vez sanarlo.

El deseo de todas las partes de un ser humano es ser un todo. Si estás trabajando desde tu más profunda sinceridad *estarás* guiando la energía, la fuerza que capitanea la sanación. Éste no es nunca un proceso simple. Aún no he visto a nadie incorporar la totalidad de otro y luego dirigirse a ella con resultados inmediatos. La parte lesionada siempre se resiste y se rebela al comienzo. Recuerda que una vez, la parte lesionada fue parte de una verdadera armadura de protección para la persona. No va a desaparecer sin un proceso de convencimiento y algo de tiempo.

Luces de advertencia para el calor corporal

En relación al tema de uso de calor corporal en relaciones existentes, debo advertirte que probablemente no debas utilizar tu calor corporal en tu ex. Esa es una relación de la que te quieres liberar para poder reclamar partes de ti mismo, y según su duración e intensidad, es un proceso que te puede tomar décadas. Tal vez no desees enviar tu calor corporal a alguien que te acabe de rechazar aún si lo echas de menos, antes de haber hecho un poco de autosanación. Después de todo, definitivamente no querrás volver a caer en la misma situación (no más daño).

De hecho, puedes utilizar tu calor corporal a la inversa para reclamar esas partes de ti que has perdido. Como ya lo hemos dicho, en una relación, el vínculo mismo se convierte en una persona y al dejar dicha relación, es frecuente que tengas que separar de ti las partes compartidas con la persona en la que esa relación se ha convertido. No podría decirte cuántas veces he oído decir cosas como: "Sin ella, no habrá quien me ame" o "Sin él, no podré pagar mis cuentas" o "Ella es la inteligente" o "Me hizo feliz". Tienes que recuperar esas partes de ti que fueron absorbidas por la persona en la que se convirtió esa relación y la telepatía de calor corporal puede ayudarte a lograrlo. Debes practicar el calor corporal en ti mismo como si tú fueras una persona distinta. Realmente tienes que llegar a conocerte desde una cierta distancia y luego atraerte. Llegarás a conocer una versión de ti mismo que tal vez hayas perdido o que tal vez nunca hayas tenido la oportunidad de desarrollar en tu antigua relación. Los rompimientos nos dan la oportunidad de encontrar ese yo que se desarrolló durante la relación y que ahora nos pertenece. Aprendemos unos de otros. Es importante no dejar el aprendizaje en la persona de la relación porque correrás el riesgo ya sea de repetir la misma relación problemática o de quedar imposibilitado para seguir adelante.

La telepatía de calor corporal crea una relación entre dos personas aún si no se han hablado todavía o ni siquiera se han conocido. Tú envías información, pero debes creerme cuando te diga que estás recibiendo la influencia de un flujo de información igualmente grande que viene hacia ti. Claro está que supongo que si le estás enviando tu calor corporal a alguien, lo más probable es que desees esa conexión con él.

Una de las principales preocupaciones acerca del concepto de la telepatía de calor corporal es que se trata de algo manipulador. Bien... así es. Sin embargo, estás optando conscientemente por la alternativa de crear una relación con otra persona y de explorar su disponibilidad de hacerlo. Es algo que hacemos sin darnos cuenta de que lo hacemos siempre, con frecuencia con las personas equivocadas y a veces sin éxito y en forma intermitente. Es mucho más fácil para todos centrarnos en las personas que realmente queramos de forma que puedan experimentar las mejores y más saludables partes de ellos mismos y así ayudarles a dirigir esas partes hacia ti —en lugar de lanzar nuestro calor corporal a todas partes sin obtener nunca lo que queremos y perturbando, al mismo tiempo, el equilibrio de los demás.

Cuando utilizas conscientemente tu calor corporal, éste realmente te cambia y cambia también a la persona a la que se lo estás enviando. Debes intentar alcanzar partes de ti mismo que nunca has conocido conscientemente y también llegar a conocer a la otra persona de adentro hacia afuera. Te darás cuenta cuando te centres en alguien en quien no deberías centrarte (alguien que sea parte de tu antigua historia de desánimo) y, por último, tu conciencia creará un cambio interior. Estamos profundamente interconectados, razón por la cual la telepatía es tan fácil de aprender y tan efectiva. A medida que practicas tu telepatía de calor corporal, te darás cuenta de que experimentas cierta conexión con todos los demás y una conexión muy estrecha con algunos, y que tienes la capacidad de expresarte y de causar una impresión en los demás sin decir una sola palabra.

Como nota al margen, me gustaría referirme al *calor corporal y a tu sincronicidad*. Las sincronicidades son esas coincidencias significativas en nuestra vida que parecen venir de la nada. Es posible que te suceda cuando le envías tu calor corporal a alguien, y luego te encuentras "por casualidad" con esa persona, un día, un mes o un año después. Es posible que tal vez hayas olvidado que le enviaste tu calor corporal a alguien en primer lugar. Por ahí sientes una conexión instantánea —es posible que esa persona termine por ser la persona correcta en el momento correcto. La sincronicidad hace que tus intentos aparentemente fallidos adquieran sentido. La sincronicidad es una de las formas de la vida de asegurarse de que terminemos donde queremos y donde debemos estar. Lleva un registro de tus esfuerzos y de sus resultados a través del tiempo y te sorprenderás del poder que puede ejercer tu corazón cuando lo utilizas por completo.

No te sorprendas si, después de hacer estos ejercicios unas cuantas veces, encuentras, por "coincidencia", soluciones con ciertas personas y en ciertas situaciones que parecían imposibles de resolver. Es posible que las personas te miren de otra forma, que te respondan de manera diferente y las cosas y las personas que una vez te parecían aceptables o inclusive atractivas pueden revelársete de nuevo. La telepatía es una habilidad innata natural, como la capacidad de amar y de ser amado.

Si practicas los ejercicios sugeridos y registras o documentas los resultados, orientarás tu comunicación hacia tus metas conscientes en vez de permitirte ser guiado por tus metas inconscientes. Se disolverán los patrones, se descubrirán los deseos, los conflictos se podrán ver desde un punto de vista consciente para luego resolverlos y/o permitir que evolucionen. Claro está que el resultado final que se desea es que tus objetivos tanto conscientes como inconscientes sean uno sólo y que puedas encontrar la paz contigo mismo, trabajando en forma eficiente para lograr todas tus metas, crear relaciones de sanación y obtener ese gozo natural que te permite saber lo que quieres y cómo hacer que todo esto se produzca en armonía. Ahora mismo te estás comunicando con las personas que amas, a quienes has amado y a quienes amarás. Cada vez que practiques la telepatía de calor corporal te comunicarás de forma más efectiva y obtendrás no sólo amor sino también la conciencia del amor más precioso de todos: el amor que sientes por tu auténtico y único yo.

Cómo restablecer los patrones de tu código de amor mediante procesos diarios

El hecho de simplemente estar consciente es una herramienta poderosa. Permite que tu intuición te ofrezca el recuerdo de un momento en el que amaste con todo tu corazón. Puede haberse tratado de una persona, una mascota, un peluche o inclusive una idea. Tómate un momento para experimentar el amor que sentiste entonces. No importa la forma como ese momento haya terminado. Lo que importa es recordar ese amor con todo tu corazón y con un corazón abierto. La primera parte de este capítulo está diseñada para abrir nuevas partes de ti que puedas utilizar para transmitir tu calor corporal de forma eficiente, poderosa y segura. Ya has completado la primera etapa.

Te he pedido que respondas algunas preguntas difíciles, y que simplemente seas consciente de las respuestas que has obtenido y que seguirás obteniendo en tu nuevo estado de encontrarte en tu derecho innato de expresarte con absoluta sinceridad. Quiero decir aquí que tal vez no haya sido que tus padres no hayan *querido* amarte. Es posible que hayan estado demasiado heridos para amar por completo. Tal vez la forma como fueron criados o sus expectativas sociales hicieron que fuera difícil para ellos aceptar la persona que tú eres, de modo que su "amor" consistió en amar e idealizar una imagen de ti o en rechazar partes de ti que componen lo que realmente eres. Creo que, en la mayoría de los casos, todos hacen lo mejor que pueden con lo que tienen a su disposición, razón por la cual estoy dedicada a crear herramientas de donde elegir.

Quiero referirme por un momento a lo que llamaré "la posición de calor corporal en reposo". Esta es tu incorporación personal en la que trabajamos durante la primera parte de este capítulo, el concepto de actuar con absoluta sinceridad. Lo que eres cuando te aman, cuando inspiras amor y cuando te quieres tu mismo. Este es un lugar de sanación donde descansar durante el día. Ayuda a que tu cuerpo y tu cerebro hagan lo que necesitas para poder sanar tanto física y emocional como intelectualmente de los insalubres patrones del pasado. Siempre que tengas un momento, y especialmente cuando las cosas vayan mal, tu atención y tus sentidos deben buscar tu posición de calor corporal en reposo. No siempre será fácil lograrlo, pero entre más incorpores la totalidad de tu corazón, más fácil te será tener acceso a este estado en momentos de estrés. En el curso del día, encuentra ese lugar y esa persona dentro de ti mismo y busca los pensamientos, recuerdos y sentimientos que te inspiraron a ser absolutamente sincero.

Las siguientes son algunas consideraciones personales adicionales que deberían ser analizadas con algunos días de intervalo. Se requiere tiempo para integrar la nueva información y hacer que se convierta en algo familiar. Debes darte ese tiempo.

Proceso 1 de telepatía de calor corporal: Conversaciones diarias que debo sostener conmigo y con mi intuición

• Estas son las partes de mí que creo/que me han dicho que son adorables: _____

_____

_____

_____

• Estas son las partes de mí que creo/que me han dicho que no son adorables: _____

_____

_____

_____

• Los adultos me querían durante mi niñez porque yo era:

_____

_____

_____

_____

• Estas son las cosas que hice y en las que me convertí para conservar su amor: _____

_____

_____

_____

• Esto es lo que me doy cuenta que me han enseñado los adultos que me rodean acerca del amor: _____

_____

_____

_____

• ¿Qué me asusta de encontrarme en una relación de mutua pasión, mutuo amor y mutuo apoyo? (Si no se te ocurre nada aquí, inventa algo. Si no tuviste miedos, estarás ya en una relación. Es posible que tengas que utilizar tu intuición y tu imaginación para comenzar a establecer este diálogo):

_____

_____

_____

• Ahora que entiendo más, ¿cómo puedo elegir ver aquello por lo que me amaron y aquello que yo era antes que me pueda hacer amoroso para mi mismo ahora?: _____

_____

_____

_____

• Así es como he decidido amar y ser amado: _____

_____

_____

_____

• Esto es lo que creo que deseo o necesito en una pareja y por qué (esta parte irá evolucionando a medida que practicas estos ejercicios): _____

_____

_____

_____

• Después de analizar la última lista, esto es lo que realmente deseo y necesito en una pareja (deja que esto fluya de ti): _____

_____

_____

_____

Proceso 2 de telepatía de calor corporal:
Los vestigios de tu yo

Analiza estos conceptos escribiendo acerca de ellos en tu diario.

• Estos son seres dentro de mí que no me ayudan a atraer el amor, a expresar amor, confianza o a discernir en cuestiones de amor. Estos seres tienen una historia. ¿Cuándo nacieron? ¿Quién o qué experiencias promovieron su desarrollo? Estos son los mensajes subliminales que envío con mis pensamientos, expectativas y sentimientos que pueden estar rechazando el amor que deseo atraer:

_____

_____

_____

_____

• Estos son los recuerdos o las fantasías que puedo sentir y en las que puedo creer con todos mis sentidos para enviar telepatía de atracción: _____

_____

_____

• ¿Cuáles son los patrones que habitualmente he formado en mis relaciones?: _____

_____

_____

_____

• Este es un miniritual que realizo a lo largo del día para elaborar los patrones de mi calor corporal más sincero en hábitos subconscientes. (Pueden ser ejercicios de escribir, respirar profundo o simplemente salir a caminar solo; estos pequeños rituales te ayudarán a formalizar el proceso de reelaboración de patrones): _____

_____

_____

_____

• Estas son las formas que he encontrado que me ayudan a experimentar mi estado de calor corporal en reposo. Los estoy recordando para poderlos utilizar a lo largo del día (tal vez desees elaborar un pequeño código de palabras para estas cosas, a medida que practicas este ejercicio): _____

_____

_____

_____

• Hoy pude observar que mi calor corporal tuvo efecto en

las siguientes personas: _____

_____

_____

_____

• Hoy pude notar que mi calor corporal tuvo efecto en las siguientes situaciones: _____

_____

_____

_____

• El calor corporal que trasmití en otro día, dio resultado hoy en la siguiente forma: _____

_____

_____

_____

• Esto es lo que siento hoy al ser totalmente sincero:

_____

_____

_____

_____

• A medida que cambio y voy sanando día tras día, debo recordar quién soy hoy. Hoy soy: _____

_____

_____

_____

Proceso 3 de telepatía de calor corporal: Restablecer tu código de amor en la noche

Es útil restablecer los patrones en la noche para que la intuición y la memoria puedan encontrar soluciones y ayudarte a realizar cambios emocionales y conductuales mientras duermes. Durante el día, todos tus recursos están orientados a responder a tus pensamientos y a tu entorno. Durante la noche, tienes pleno acceso a ti mismo para ocuparte de otras tareas. Es importante elegir las tareas que vas a realizar en la noche a fin de despertarte listo para alcanzar tus metas.

Antes de dormir debes practicar un ritual para representar lo que estás tratando de lograr con tu telepatía de calor corporal. Este ritual debe tener un significado real para ti y debe hacer uso de tus talentos naturales. Practica el ritual después de recibir la información que te envían tu propia intuición y tu subconsciente, como lo explicamos en la primera parte de este capítulo. Es posible que quieras graduar esta información a medida que tu vida cambie, como lo hará si practicas la telepatía de calor corporal en forma consistente.

Un ritual puede ser simplemente poner una joya que utilices todos los días cerca de tu corazón antes de dormirte, sentir la fuerza de los latidos de tu corazón mientras lo haces y sugerirte suavemente que, durante tu sueño, recogerás toda la sabiduría de lo que sueñes. A la mañana siguiente, tal vez puedas colocar este "protector" sobre tu cuerpo para mantenerte centrado en tu propio calor corporal a lo largo del día. Podrás tocar este objeto cuando experimentes estrés o pérdida de la orientación que requieres. Este es sólo un ejemplo. En mi habitación tengo una mesa pequeña en donde escribo mis luchas y pongo las notas bajo una caracola que encontré en la playa. Luego pongo mis joyas sobre la mesa y, a veces, enciendo una vela y permito que la llama me vaya guiando mientras fijo mis ojos en ella. Tengo fotografías de cosas y personas que amo sobre la mesa y alrededor. Las voy cambiando a medida que cambio. Cuando coloco mis joyas sobre mi cuerpo, me bendigo con el poder que me ha sido dado. Tienes que ser consistente para no caer en antiguos patrones conductuales, sino continuar mejorando tu vida y tu situación amorosa fortaleciéndolas cada día. Dar un paso adelante y uno atrás es una forma extenuante de vivir.

Ahora, volvamos a tu ritual. Tu ritual nocturno debe ser rápido y sencillo, porque de lo contario lo abandonarás con el tiempo. Si eres una artista, puede incluir un rápido esbozo de ti y de tu persona amada en un abrazo; si tu orientación es espacial, tal vez quieras colocar dos objetos similares cerca el uno del otro e irlos aproximando más cada noche. Si eres escritora, es posible que quieras escribir un corto poema de amor donde expreses lo que tú y tu amante sienten el uno por el otro. Tal vez desees ponerte tu crema de noche imaginando que las manos de tu amor tocan tu cara. Tu ritual debe ser simple y consistente. Tus sentimientos y percepciones cambiarán cada vez que lo hagas, según la parte de tu proceso interior y los obstáculos en los que estés trabajando en la noche. Realmente no sabrás el "por qué" del cambio sino a la mañana siguiente, o cuando notes el cambio en tu vida. Empieza con cualquier cosa que estés experimentando y abandona todo juicio, en la medida de lo posible, procura no sentir la necesidad de saber qué tan bien lo estás haciendo ni cuánto has avanzando. Es importante que practiques el mismo ritual noche tras noche porque es la señal para que tu subconsciente y tu telepatía reorganicen sus patrones para dar y recibir amor.

Esto te llevará naturalmente a una versión más pequeña de ese ritual que puedes practicar durante el día como una afirmación subconsciente del patrón. Puede ser algo tan simple como observar una fotografía que tengas en tu llavero o repetir una frase varias veces mientras experimentas tu calor corporal en estado de reposo. Los aspectos detallados del ritual no son importantes. Lo que se pretende es que te permita mantenerte en pleno poder.

Todas las noches, antes de dormirte, repasa la información que recibiste de tu intuición durante los ejercicios de la primera parte de este capítulo (¿te dije que estos ejercicios deben ser muy, muy cortos?) permitiéndote ser consciente de la nueva información que recibes. Después de practicar tu ritual de calor corporal, mientras te duermes, incorporarás tu verdadero amor a tu lado y, eligiendo elementos de tu archivo intuitivo/de recuerdos, incorporarás y experimentarás tan plenamente como te sea posible tu propio ser, el que tanto tu pareja como tu pueden amar y tener con él una relación gozosa y apasionada. No te preocupes por todo el ruido sensorial que se interpone: "En realidad no hay nadie aquí conmigo. Estoy sola. ¿Estaré sola alguna vez? Estoy demasiado viejo, o soy demasiado flaco, o demasiado gordo o estúpido, etc.". No intentes reprimir estos parpadeos sensoriales. La represión los hace más fuertes; limítate a practicar mantener tu enfoque en tu ser querido y en ser amado. Saber respirar ayuda. Por lo general retenemos la respiración cuando se nos viene un pensamiento, cuando sentimos o experimentamos algo que nos perturbe. Limítate a respirar. Permítete experimentar tanto de tu cuerpo y tantos de tus sentidos como puedas. Permítete experimentar tanto de la otra persona como puedas. Conéctate con esa persona, aún si todavía no existe en tu vida, y permítele conectarse contigo. Duerme en los brazos de esa persona. Permite que tus sentidos sean tan vívidos y reales como sea posible. Claro está que tu mente se distraerá, tal como ocurriría si estuvieras realmente acostado con esa persona, en el proceso de quedarte dormido. Que no te preocupen las distracciones —en cambio, enfócate en la telepatía, confiado en que lo estás haciendo bien.

Cuando te despiertes en la mañana, escribe cualesquiera sueños o ideas con los que te hayas despertado. Esto cumple dos propósitos. El primero es permitirte sintonizarte con parte del valioso trabajo que realizaste durante la noche, aunque no tenga sentido para ti de inmediato. El segundo es permitirte cambiar de cualquier estado en el que te hayas despertado a un estado de calor corporal. Es como "encender" tu atracción telepática. Estoy segura de que ya para este momento, estarás experimentando algo de tu atractivo personal. Practica permanecer en ese estado de tu ser a todo lo largo del día cambiando tus sentimientos, pensamientos, reacciones y recuerdos para que puedas realmente experimentar la totalidad de ti. Son muchos los que tienen la experiencia de estar enamorados y la telepatía del amor y la plenitud es tan fuerte que todo el mundo sale de las paredes para colocarse cerca de ti. Luego, cuando el amor se desvanece y te sientes abandonado, e indigno de ser amado, esta atracción mágica desaparece. Este es el poder de la telepatía de calor corporal.

CAPÍTULO 6

Visualización remota

Todos nos sentamos en un círculo y suponemos, mientras el secreto se sienta en el centro y lo sabe.

—ROBERT FROST

NOTAS

Ejercicio de acierto rápido para visualización remota

Utiliza una libreta para tomar notas o hacer esbozos para los siguientes ejercicios:

1. Elige tu objetivo —en este caso, un destino físico.

2. Supón que ya estás allí, en cuerpo y mente.

3. Supón que todas tus percepciones y experiencias se están desarrollando en tu destino.

4. Documenta qué y a quién puedes observar en detalle. Es posible que las imágenes sean fragmentarias o completas. No te limites a lo que ves, intuye también lo que tus demás sentidos están captando.

Lo que experimentaste en el acierto rápido

Cualquier cosa que hayas advertido, aunque te parezca una simple conciencia de tu entorno —como el timbre de un teléfono o alguna vaga sensación de total inexistencia—, *cualquier cosa* que hayas notado comenzó a construir el objetivo en tu conciencia. Entre más detallada sea tu documentación, más claramente podrás definir tu objetivo. Parte de los bloques de construcción pueden ser símbolos o metáforas o algunas pueden haber sido experiencias directas captadas por tus sentidos. A medida que practicas, irás viendo tu objetivo y su entorno en forma más literal y detallada. Tal vez no hayas observado tu objetivo de abajo hacia arriba. Es posible que lo hayas ido armando pieza por pieza: una esquina aquí, una impresión allí, un sentimiento de algo que se cierne sobre ti. La forma como vayas construyendo tu objetivo será probablemente la forma en que enfrentas tu vida. ¿Entraste por la puerta de atrás? ¿Permaneciste fuera de tu objetivo o por encima de él? Más que cualquier otro acierto rápido en este libro, este ejercicio te indicará cómo interactúas con las estructuras de tu vida.

¿Qué es la visualización remota?

Mientras que la **telepatía** tiene que ver con encontrar áreas de unión, la **visualización remota** es uno de los estados intuitivos más desligados. A propósito, la visualización de la que hablamos no es siempre visual. Quienes no "ven" imágenes ven a través de cualquiera de los otros sentidos tal como experimentarían cualquier nuevo entorno. Es posible que en la visualización remota puedas acceder al marco conceptual de un lugar o una situación con una enorme ecuanimidad. Es la forma menos reactiva de trabajo intuitivo. Es, además, una buena herramienta de organización para utilizar cuando incluyes la información obtenida a través de tus otros sentidos intuitivos (así como cualquier otro tipo de datos) dentro de un marco conceptual. Aunque muchas destrezas intuitivas exigen que mantengas una perspectiva desprendida, la visualización remota es algo a lo que se ingresa a través de la percepción de estructuras físicas separadas de alguien extraño para ti; más que cualquier otro tipo de destrezas intuitivas, tiende a mantener su perspectiva durante todo el proceso. Cuando la visualización remota pierde la perspectiva, se convierte en proyección astral, algo que también veremos en este capítulo.

SE PUEDE UTILIZAR LA VISUALIZACIÓN REMOTA DE MÚLTIPLES FORMAS:

• Para encontrar las fortalezas o debilidades de cualquier estructura, cuerpo o proceso

• Para participar de forma remota en una situación

• Para visualizar una reunión a la que no te invitaron

• Para encontrar a una persona o un objeto perdido

• Para visualizar relaciones

• Para proyectar un desarrollo

• Para evaluar los bienes de finca raíz tanto en términos de estructura como de vecindario

• Para resolver problemas estructurales o de ingeniería

• Para visualizar los productos o estrategias de la competencia

• Para evaluar tus propios productos o estrategias

• Para visitar lugares de tu pasado o del pasado de tu familia y verlos con nuevos ojos

• Para explorar la arqueología

• Para ubicar yacimientos de petróleo, metales preciosos o cualquier otra cosa que no pueda detectarse a simple vista

• Para programar inversiones

- Para visualizar una estrategia en su totalidad

- Para determinar el propósito o funcionalidad de un lugar físico

- Para estudiar estrategias de multicomponentes

- Para evaluar, a través de la precognición, todas estas cosas en el futuro y definir estrategias efectivas para el cambio

- Para ver el resultado final de un proyecto

- Para ver el estado de preparación de un mercado o las necesidades del mismo

...y para muchas otras cosas que irás encontrando según tus necesidades.

La visualización remota te permite viajar no sólo a través del espacio sino a través del tiempo. Puedes visualizar algo tal como está ahora, pero también puedes ver un edificio tal como quedará cuando esté construido (algo útil para detectar problemas con anticipación) o puedes ver la habitación de tu madre cuando era niña (tal vez útil cuando se trata de encontrar el regalo perfecto para alguien que cumpla sesenta años). Por lo general, cuando decides ver un lugar sin estipular el momento preciso, experimentarás este "ver" como si se tratara del momento exacto en el que estás haciendo el ejercicio. Esto suele suceder cuando estás dormido y algo que debes saber está ocurriendo en un lugar remoto.

El hecho es que, en todo momento estás visitando otros

lugares, pero es posible que no te des cuenta de ello. De hecho, fíjate cuando alguien te cuente acerca de un edificio que estén comprando o de una compañía que estén organizando, o de una estrategia de inversión que estén programando. Lo más probable es que tu atención se dirija de inmediato a lo que sobresale acerca de esa situación que están estructurando, ya sea algo positivo o negativo. La próxima vez que alguien te hable de un lugar que ha visitado, ten en cuenta las imágenes, los sonidos y otras impresiones sensoriales que recibas acerca del lugar del que te están hablando. Ten conciencia de las sensaciones cambiantes de tu cuerpo —cambios de temperatura, olor, sonido, sensación e inclusive el sabor que puedas experimentar en tu boca. Si llevas contigo una pequeña libreta de anotaciones, como lo hago yo, podrás anotar discretamente algunas cosas. Si conoces lo suficientemente bien a la persona que te está hablando, no pensará que estás loca (o si ya aceptan que lo estás), infórmales acerca de esas impresiones. Podrás constatar que tu visión remota es algo que practicas automáticamente todo el tiempo. Al igual que con tus demás capacidades intuitivas, hasta que aprendas a dirigir la visión remota, se perderá dentro de tus demás actividades mentales/perceptivas. También puede orientarse en sentido equivocado debido a tu subconsciente o a tu curiosidad en relación con lugares en los que no vale la pena practicar visualización remota, porque no son útiles, o porque inclusive pueden estar en el límite de lo traumático. Cuando domines la visualización remota, se convertirá en otra herramienta útil con la cual dirigir tu vida.

Tener la experiencia de un *déjà vu* es parte de la vida diaria. Cualquiera puede relacionarse con el hecho de entrar a un lugar o a una situación nueva y tener la sensación de familiaridad, inclusive de conocimiento previo de la situación. Si tu sentido de *déjà vu* —de la visualización espontánea y precognitiva remota— está funcionando bien, podrás ver de antemano las situaciones para las que debes prepararte y de las que aún no estás plenamente consciente; se tratará con frecuencia de situaciones que involucran algo que de otra forma llevaría a algún nivel de shock traumático. Por lo general, tu estado de sueño se utiliza para esta función, permitiéndote aceptar, procesar, prepararte e incluso evitar un evento futuro de manera que puedas responder con efectividad en una situación en la que, de otra forma, podrías responder de manera reactiva y, tal vez, para detrimento propio, si no hubieras experimentado el lugar o el evento en primer lugar. ¿Puedes recordar una ocasión en la que no sólo *supieras* sino que realmente hubieras *visto* a un amigo en problemas o un almacén sin tu producto o un clóset sin la ropa de tu novio(a)? Todo esto es visualización remota. ¿Cómo sabes que estás viendo realmente un lugar y que no lo estás imaginando? De nuevo, nunca podrás estar seguro hasta que confirmes tu información cotejándola con los hechos; sin embargo, en el caso de la visualización remota, tenderás a sorprenderte por lo que ves. Rara vez será algo que se te hubiera podido "ocurrir", y para cuando comiences a enfocar tu atención en esa situación y a obtener información consciente para documentarla, tu subconsciente ya tendrá una buena idea de lo que está ocurriendo, y rara vez se sentirá sorprendido cuando creas que te debería haber sorprendido.

A veces tus incidentes espontáneos de visualización remota se producen cuando un ser querido o una propiedad personal está amenazada. Yo iba conduciendo un automóvil camino a mi casa de campo el día de mi cumpleaños. Estaba de muy buen ánimo, disfrutando del viaje y las conversaciones que se desarrollaban a mi alrededor. De pronto sentí pánico por mi gato, a quien había dejado en el campo el día anterior. No podía dejar de pensar en él. Instintivamente lo busqué con los ojos de mi mente y no lo vi en la casa en donde él, como gato de interior, debería estar. Sentí un frío enorme, a pesar de que la calefacción estaba encendida dentro del automóvil. Permanecí en estado de pánico hasta que llegué a la puerta principal. Efectivamente los ladrones habían entrado a la casa; muchas de las puertas corredizas habían quedado abiertas y el gato se había salido. Estaba tan familiarizada con la imagen de la casa después del robo que para cuando llegué prácticamente no me di cuenta de que faltaban el televisor y el estéreo. Busqué a mi gato; primero con los ojos de mi mente y luego, cuando tuve la sensación de saber que estaba seguro, lo encontré gracias a que se me ocurrió agitar una caja de concentrado seco para gato en el bosque.

Si buscas "visualización remota" con un motor de búsqueda de tu computadora, encontrarás las discusiones sobre representadas por científicos, doctores y universidades (como Princeton y Stanford, para nombrar sólo dos) en comparación con los análisis de otras destrezas intuitivas. Inclusive el gobierno federal invirtió decenas de millones de dólares en investigación de visualización remota en los años setenta. Creo que esto se debe a que puede ponerse a prueba de forma bastante metódica, tiene evidentes aplicaciones militares y (a diferencia de otras de las herramientas que analizamos en este libro) no te sentirás como un absoluto orate al solicitar fondos para investigarla. Es una especie de área "Rambo" de las destrezas intuitivas.

Una forma en la que se ha estudiado la visualización remota ha sido instalando una computadora para que genere en forma aleatoria una imagen en un momento futuro para responder a una pregunta. Por ejemplo, se asigna una imagen al mercado que va en sentido ascendente, una imagen al mercado que va en sentido descendente. Quien está visualizando el hecho en forma remota predice entonces, no si el mercado mostrará una tendencia ascendente o descendente sino qué imagen generará la computadora, lo que representará la respuesta correcta en el futuro, por ejemplo, en exactamente diez minutos. Quien realiza la visualización describe entonces o más comúnmente hace un dibujo del objeto en forma intuitiva. La imagen que esboza quien visualiza la situación es la respuesta a la pregunta.

Hay múltiples cursos largos y complejos disponibles para capacitación en visualización remota, pero he podido ver que mis alumnos logran hacerlo con poca o ninguna capacitación (y ellos representan a la población en general, dado que enseño a muchas personas que no creen en estos fenómenos, provenientes de compañías donde el director ejecutivo los obliga a asistir a mis conferencias, así como personas comunes que, por lo general, no pueden encontrar sus llaves). No hay que complicar en exceso una destreza sencilla. Al igual que con cualquier otra cosa en la vida, la visualización remota no es siempre 100% precisa ni totalmente comprensiva. Es mucho lo que se puede decir en cuanto a contradecir las probabilidades.

Tuve una amiga muy querida, Hella Hammid, ya fallecida. Fue una de las participantes en los experimentos del Stanford

Research Institute en los años setenta, uno de los muchos estudios universitarios sobre las capacidades de la mente humana. Ella podía visualizar lugares remotos con gran precisión (cosa que, dicho sea de paso, todos podemos hacer). Lo que hacía que Hella fuera única como persona capaz de practicar la visualización remota era que podía dibujar con mucha exactitud lo que veía. Era una artista visual y una reconocida fotógrafa, lo que le ayudaba a expresar lo que "veía" como alguien que realmente lo está "viendo".

Tal vez tú puedas describir la ubicación en forma detallada y también puedas recibir símbolos (como Hella lo hiciera en una ocasión, en la que dibujó un reactor nuclear en forma de una tetera de agua hirviendo) para describir lo que ves. A medida que te das cuenta de que estás utilizando un símbolo para representar un objeto, la próxima vez que veas ese mismo símbolo, sabrás qué objeto o qué objetivo representas. En la mayoría de los casos, este conocimiento se tiene cuando un objeto/una imagen/una idea te perturba en su forma regular —digamos, un reactor nuclear o tu cónyuge con un(a) amante. También puedes percibir algo que simboliza el significado de lo que estás viendo. Por ejemplo, un entrevistador en un programa de opinión en el que participé, tiene una vida amorosa muy desagradable y un romance público con la comida, "vio" un corazón que puse dentro de una caja como "algo que tenía que ver con comida". Si quieres centrarte en entender literalmente los objetos, las personas y los eventos en el lugar que visualizas, necesitarás muchísima práctica y repetición. También es útil dibujar lo que "ves". Inclusive si eres tan mal dibujante como yo, este ejercicio te ayudará a tener una visión más clara de la forma, la ubicación y lo que está ocurriendo física y realmente en el área. Al dibujar lo que ves, también al incluir palabras y cifras que te sientes impulsado a dibujar pero que no puedes identificar es una forma de obtener más información antes de que tu mente consciente tenga tiempo de reconocer de qué lugar se trata.

Permítete utilizar tu visualización remota de cualquier forma que puedas. Si utilizas esta capacidad, se desarrollará la habilidad de serlo en diferentes aplicaciones en tu vida diaria. Sé que es difícil no juzgar la calidad de tu información, cuando crees que has fallado tu meta, o que no la estás representando literalmente, o que te has permitido documentar sólo un poco de información. Todos estamos constituidos y cableados de una forma diferente. No fallas en una visualización remota por lo que literalmente no "veas". Tal vez seas alguien que experimenta el mundo en sentimientos y a través de otros sentidos descriptivos o símbolos. Esfuérzate por entender la información que percibes como correcta antes de culparte por no acertar. Podrás perder mucha información valiosa si no les das oportunidad a tus poderes de descripción. Parte de ti comenzará por ver símbolos, no la claridad y el contraste que se logran con la visualización remota.

De lo que sí estoy segura es de que estás aprendiendo y desarrollando esta herramienta de la mejor forma para tu composición específica. Hay ocasiones en las que paso de visiones literales a símbolos y no entiendo por qué mi subconsciente está guiando mi intuición hacia ese cambio (o viceversa). He aprendido a dejarme ir en cualquier situación que se esté desarrollando, consciente de que la explicación de por qué se me ha venido a la mente de forma tan inusual o con tantos rodeos probablemente no me llegue o no lo entienda sino hasta mucho después. Quiero que mi información sea útil, sin ser abrumadora ni nociva. Hay situaciones que podemos ver que no sería útil verlas y que de hecho podrían ser devastadoras.

Con frecuencia, como ocurre con otras habilidades intuitivas, sólo recordarás tu visualización remota (o sólo reconocerás lo que representa si llevas un diario) después de que se produzca el evento. Para muchos neoyorquinos esto fue un hecho el 11 de septiembre. Se encontraron más preparados y menos sorprendidos de lo que podría pensarse ante semejante situación y, por lo tanto, estaban capacitados para enfrentar el evento como comunidad efectiva. Son muchas las historias, entre los eventos trágicos y desoladores de personas que simplemente decidieron no ir a trabajar ese día o que lograron alcanzar un lugar seguro justo antes de que se estrellaran los aviones.

Debido a la naturaleza impersonal de la visualización remota (con énfasis en la palabra *remota*), suele ser conveniente utilizar esta técnica en situaciones que tienen una carga emocional, o en las que puedas tener una reacción muy fuerte a la información que buscas. Sin duda, al entrar en contacto con momentos traumáticos del pasado o con los que tienen potencial de volverte a traumatizar, la visualización remota es una elección segura. Lo mismo puede decirse en relación con el futuro. Si bien, hasta cierto punto, todas las demás técnicas intuitivas aprovechan una experiencia interactiva de primera mano, la visualización remota te permitirá documentar la organización de algo y obtener información útil que te permita prepararte para lo que ocurrirá, sin tener que involucrarte demasiado con el sujeto, de forma intrincada. La visualización remota permite percepciones limitadas por una estructura.

Lanzarte a la piscina del lado profundo

Puedes visualizar cualquier cosa, desde cualquier perspectiva, en cualquier momento en el tiempo. No tienes que creerme ciegamente en lo que a esto se refiere, sólo intenta hacerlo por ti mismo. ¿Conoces a un amigo que esté remodelando su casa? "Visualizas" su hogar ya remodelado y compara notas con él. Describe la casa en la que creció tu amigo y luego mira las fotografías.

Ahora, piensa en una amiga con quien hablarás en las próximas veinticuatro horas. Anota la hora y la fecha exactas. Ahora, encuéntrala con tu atención. Así como sigues el hilo de un pensamiento o un recuerdo, ve en busca de esa persona hasta que la encuentres. Esto deberá tomarte un segundo. ¿Cómo sabes que la has encontrado? Sólo cuando hayas hecho esto varias veces, tómate treinta segundos y luego supón que tu impresión está donde esa persona se encuentra.

Ahora, tómate un momento para definir cómo va vestida, dónde está y qué hay a su alrededor, con quiénes está y qué está pasando. Camina por ahí y deja que tu atención pase de una cosa a otra, documentando sin analizar. Después, documenta tus aciertos y tus fallas verificando cualesquiera exactitudes e inexactitudes.

Uno de mis ejercicios favoritos que practico con mis alumnos, consiste en invitarlos a venir a mi casa, sin que se muevan de sus asientos. Es una visita rápida con poca preparación. ¿Por qué no hacemos esto juntos ahora? No te juzgues con base en este ejercicio. Sólo aprovéchalo para el calentamiento y disfrútalo. Creo que todos tenemos algo de videntes. Quisiera invitarte a mi apartamento en Roma, Italia. No quiero que conviertas esto en un ejercicio cerebral difícil. Sólo supón que estás allí. Ahora recórrelo todo.

Si recorres mi apartamento tratando de adivinar qué hay allí o de entender lo que estás experimentando, o aquello a lo que estás reaccionando para saber si es cierto, quedarás inevitablemente atrapado en tu mente. Sin embargo, si haces uso de tu curiosidad, tus sensaciones y tus preferencias para interesarte de verdad en mi apartamento en Roma, podrás experimentarlo con facilidad. Toca las cosas, abre los cajones, prueba algo en la cocina. Mira en cualquier parte y míralo todo, ¡aun sin mi permiso!

Ni siquiera tendrás que concentrarte en hacerlo. Supón que estás en mi apartamento en Roma leyendo este libro, atendiendo una llamada telefónica o reconciliando tu chequera. No te puedes obligar a visualizar remotamente. Sólo tienes que permitir que ocurra. Tu atención estará en algún lugar de tu vida y entonces, de repente, estarás en mi apartamento en Roma, luego volverás a tu vida. A medida que te acostumbres a la visualización remota, aumentará tu capacidad de mantenerte en un lugar remoto sin distraerte, pero, por ahora, es más importante integrarte en tu proceso de pensamiento normal, con facilidad y de manera orgánica.

¿Qué notas en mi apartamento en Roma? ¿Fuiste directo a mi apartamento, o tuviste que subir las escaleras o tomar el ascensor para llegar allí? ¿Qué te gusta o que te disgusta? Tómate tu tiempo para recorrerlo. Por razones de precisión y simplicidad, dejemos que recorras mi apartamento, como si fuera el 25 de agosto de 2008. Así podré describirte exactamente cómo se veía. Naturalmente, omitiré muchos detalles que puedes observar, pero comentaré sobre cosas que tu atención puede pasar por alto. Mi apartamento tiene sólo novecientos pies cuadrados, no es demasiado grande para verlo todo. Sólo anota todo lo que "veas", aún si no tiene sentido para ti o no concuerda con el ejercicio.

Permíteme que te describa ahora mi apartamento en Roma el 25 de agosto de 2008. Queda en el quinto piso, con una escalera abierta de cerámica que lleva hasta un pequeño ascensor de madera con clave. Se entra por una gran puerta color café, verás paredes y arcos rosados estucados. El piso es de madera. Frente a ti hay una puerta de vidrio esmerilado que da a la cocina y que suele permanecer abierta. A la derecha hay un pequeño dormitorio, con piso de baldosa de mármol blanco y un cubrecama muy colorido. Al pasar esa habitación, más a la derecha, encontrarás la sala. Es de estilo turco, también con paredes de estuco rosado y con un sofá enorme estilo cama (como verás, me fascinan los sofás) con una cubierta multicolor en tonos vibrantes y montones de almohadones (de hecho, cada área de mi casa está repleta de almohadones). Hay una pequeña televisión cerca al sofá y al frente hay un sofá rosado. Hay un escritorio grande de madera oscura y una mesa de mármol blanco. Las ventanas de todas las habitaciones son por lo general grandes y dejan entrar mucha luz.

Al entrar por la puerta de la cocina se ven gabinetes blancos con molduras azules claras, mostradores de mármol gris y superficies para cocinas con baldosas blancas decoradas con grandes girasoles. A la izquierda de la entrada principal hay una pared, luego un closet para guardar cosas y más adelante, hacia la izquierda, un dormitorio grande. El cubrecama es azul y blanco, que es el color esquemático básico de la habitación, incluyendo las cortinas. En todos los dormitorios hay gabinetes blancos, también en este. Hay un tocador de madera oscura con algunos frascos encima. La parte de arriba del tocador es de mármol negro. Las paredes de ambos dormitorios son blancas. El baño queda cerca a esta alcoba y tiene baldosas blancas con un delicado patrón azul. Es posible que notes lo siguiente en mi apartamento: hay una combinación de cosas nuevas y antiguas (lo he tenido por casi tres décadas y no soy muy buena para limpiar los closets). Por todas partes hay afiches de automóviles enmarcados. El apartamento está salpicado de libros. Hay un pequeño balcón con luces. Desde el balcón se ven los tejados. El apartamento suele estar vacío. Hay allí muchos recuerdos. Hay una colección bastante grande de juguetes y juegos de mi hijo, de hace más de diez años. Todos tendemos a vivir y dormir en el salón cuando estamos allí. Las telas son muy suaves y hay todo tipo de sedas, cachemira y preciosas sábanas. En el apartamento de abajo vive mi mejor amiga y vecina, de más de treinta años, Fernanda. Encima de mi apartamento queda la terraza, donde todos cuelgan su ropa a secar. Desde mi pequeño balcón, que abarca el largo del apartamento, puedo ver los balcones de todos los demás con la ropa colgando, una frutería, una cafetería bar y muchos tejados. En mi vecindario hay muchos grupos étnicos y pequeñas tiendas. Las calles tienen pocos árboles y son más bien grises.

Claro está que puedes haber visto toda una serie de detalles correctos que yo olvidé mencionar, pero tienes la idea básica, ¿no es cierto? Si permites que esto sea fácil, lo será. Algunas áreas de confusión con la visualización remota son las siguientes: con frecuencia, cuando experimentas la distribución física de un lugar, también percibirás otra información como los eventos que tuvieron lugar allí, su historia o su futuro, etc. Aprender a acertar y describir con exactitud tu objetivo es un reto constante y esta habilidad puede ir mejorando con el tiempo.

Al igual que con otras prácticas intuitivas, debido a que puedes "viajar en el tiempo" tal vez sea importante saber en qué momento y en qué tiempo te encuentras cuando ves tu objetivo. Refirámonos ahora a definir tu objetivo o tu destino. Puedes ir a cualquier parte con tu atención. A veces experimentarás que estás en un lugar, como si de verdad te encontraras allí, mientras que otras veces tu experiencia será más similar a la de un ejercicio mental. Por lo general esto depende de tu nivel de interés en el sitio o en las personas que se encuentren allí. Depende también de quién seas. Hay personas más intelectuales, otras más sensoriales en sus capacidades intuitivas. El tiempo durante el que te permitas visualizar un lugar determina también, hasta cierto punto, la calidad de tu experiencia y su carga sensorial. Si tienes que obtener la información de inmediato o si satisfaces en un momento tu curiosidad, tenderás a experimentar la escena con menos detalles. Puedes inclusive visualizar algo hipotético, como tu futura habitación de hotel o el dormitorio que tendrá tu hijo el año entrante.

El siguiente es un pequeño ejercicio de visualización remota que le gustó al gobierno. Te daré algunas coordenadas sobre un mapa. Dirígete a ese lugar a través de la visualización remota y describe lo que hay allí. Lo puedes dibujar primero, si lo deseas, y luego agregar detalles verbales para experimentarlo desde varias perspectivas. Esta no debe ser una experiencia larga ni demorada; de ser así no la disfrutarías. Hazlo rápido, sin prepararte y supón que sabes qué hay allí. Guíate por tus sentidos, por todos ellos y por lo que adviertan, inclusive tus pensamientos, ten en cuenta las estructuras, escucha los sonidos, etc. Documéntalo todo. Recuerda, si no "ves" nada, hay otras formas de saber de qué se trata. Ensáyalo ahora. Estas son las coordenadas: latitud 48 grados, 52 minutos norte; longitud 2 grados, 17 minutos este. La descripción del lugar está al final de este capítulo (ver la página 192) con algunos de los objetivos que puedes haber visualizado.

Cómo utilizar la visualización remota en la vida diaria y en los negocios

Las aplicaciones de visualización remota en tu vida diaria son evidentes, pero esto también se puede aplicar a tu vida profesional. Observa los detalles de una empresa que te interesa. Hazlo ahora. ¿Cómo funciona? Mira los distintos departamentos, ve hacia atrás y hacia adelante en el tiempo (verlo hacia atrás funciona muy bien porque, con frecuencia, puedes verificar así esta información). Ve a visitar el taller de tu diseñador favorito, o mejor aún, la reunión de ventas donde tu Némesis será un presentador. Recuerda que la atención es móvil y puede ir a cualquier parte. Si haces que el aprendizaje de la precognición sea interesante y agradable, la dominarás más pronto. Cuando lo hagas, así sea apenas muy poco, te darás cuenta de que la "visualización" es totalmente irresistible para cuando tengas un momento libre.

Lo que diferencia la visualización remota de la simple precognición o de la lectura intuitiva es que puedes experimentar realmente la totalidad de tu objetivo dentro de su entorno, en términos físicos. Si lo haces realmente bien, los demás podrán sentir tu presencia y tú sentirás la de ellos. Esto se conoce como viaje astral, proyección astral o visualización remota, de nuevo una simple función mistificada de tu energía. Procura no hacer esto con tus hijos adolescentes (aquí hablo para mí misma) porque puede ser algo muy invasivo y siempre sabrán (intuirán) a algún nivel cuando lo estés haciendo.

Si quieres que tus colegas o tus empleados hagan alguna visualización remota contigo, sin que crean que necesitas un psiquiatra, intenta expresarlo en esta forma: "Quiero que vean lo que está pasando aquí. ¿Saben qué? Utilicemos nuestros cerebros para dar un vistazo. Vayamos realmente allí con nuestra atención. Si nos encontráramos allí en este momento, ¿qué veríamos? ¿Qué estaría pasando? ¿Cómo sería la estructuración? Salgámonos de lo ortodoxo y hagamos algo loco. Se otorgan créditos adicionales por las locuras. Atrévanse. Muy bien ¿Dónde están? Descríbanlo".

Cómo capacitar a otros en la visualización remota

Al igual que con la capacidad de ser médium, la visualización remota es algo divertido de enseñar y de aprender, sobre todo en grupos grandes. El siguiente es un ejercicio sencillo: escribe el nombre de un lugar que te sea familiar. Es muy importante que, al momento de hacer el ejercicio, sepas qué apariencia tiene el lugar, quién se encuentra allí, cuál es su función y cómo es su entorno. Puedes decir al grupo, en términos generales, a dónde van a ir o puedes limitarte a decirles que irán al lugar cuyo nombre está escrito en el papel que tienes en la mano.

Diles a tus alumnos, cuando les indiques que deben comenzar, que se encuentran en el lugar que has elegido. Diles que utilicen todos sus sentidos para investigar el entorno, que abran cajones, que miren hacia afuera, que huelan, toquen y tengan en cuenta todo lo que les interese. Pídeles que te digan lo que están viendo en ese lugar, incluyendo el uso que se le da, dónde se encuentra en referencia con el entorno y cómo entraron allí. Es útil permitir que los sentidos de su "pensamiento" se centren en juzgar lo que les gusta y no les gusta de su objetivo. Personalmente prefiero que todo el grupo participe. Sólo les indico aquello con lo que *no* me relaciono en cuanto a la información que me dan y nunca les digo cuándo estoy de acuerdo. Es decir, comento aquello que pasan por alto y no las cosas en las que están en lo cierto. Pídeles que te comuniquen muchas impresiones a la vez. Recuérdales que no se trata de un juego de adivinación. ¿Qué perciben tus sentidos acerca del objetivo?

El siguiente es otro ejercicio: pide a alguien que ponga un objeto secreto dentro de una caja. Los mejores objetos para este ejercicio son los que tengan una forma, un color, una historia y un significado específicos (una vez, como ya lo he dicho, usé un corazón de cuarzo rosado en un programa de opinión). Es importante que tu no sepas lo que hay en la caja, porque el grupo podría utilizar la telepatía para hacer el ejercicio. Diles que cuando digas "comiencen" todo lo que hayan experimentado con cualquiera de sus sentidos debe ser visualizado en cuanto al objetivo. Conviene pedirles que dibujen también una forma. Cuando todos hayan terminado, abre la caja y pasa el objeto de mano en mano para que todos lo vean.

Al principio, no es inusual que un alumno obtenga unas cuantas cualidades correctas y naturalmente tendrá también algunas equivocaciones. Algunos aciertan al comienzo del ejercicio y luego comienzan a pensar; algunos tienen que eliminar el ruido inicialmente y aciertan al final; otros saben cuál es el objeto antes de que empiece el ejercicio y luego se pierden. El proceso que cada uno utiliza es diferente.

En un ejercicio por parejas, los alumnos pueden turnarse para verificar un lugar. La primera persona debe comunicar la menor cantidad de información posible, por ejemplo, limitándose a identificar el objeto como "la casa de Jim". La segunda persona debe reportar lo que ve verbalmente y la persona número uno debe tomar notas sin dar respuestas ni retroalimentación hasta cuando haya terminado el ejercicio. Es divertido cambiar los papeles de las dos personas después de un tiempo. Hacerlas que visualicen cómo era el objetivo hace un año o cómo será dentro de un año. Es una buena herramienta para evaluar la propiedad en sí, como cuando queremos comprar una casa en un vecindario que esté progresando y pedimos a la persona que lo está visualizando que vea cómo será dentro de cinco años. Recuerda que este ejercicio se debe practicar de forma rápida y que debe ser divertido. Un enfoque serio y formal no ayuda en el proceso. Anima a tus alumnos, parientes o colegas a que cometan errores, porque de lo contrario no aprenderán nada. Permite que se den cuenta de que tú también cometes errores. ¡Yo me equivoco!

Más allá de la visualización remota

Al igual que con todas estas destrezas, procura verificar tus impresiones cotejándolas con la realidad. Intenta hablar con una amiga y decirle: "Iré a visitarte en algún momento durante la próxima hora; ¿te importaría tomar nota del momento en que 'me sientas' o te des cuenta de que algo en tu entorno es diferente, o de que tus sentimientos han cambiado en un momento específico?". Puedes elegir un tiempo para describir el lugar donde alguien se encontraba en un momento específico, qué estaba pasando y luego pedirles que lo confirmen. Todas estas destrezas requieren práctica, entonces... ¡practícalas! Aun teniendo práctica, habrá veces en las que te equivocarás. A mí me pasa, a todos nos pasa. La perfección es un ideal, no un proceso.

Esto me lleva a la proyección astral, o a lo que ocurre cuando tenemos más que nuestra propia presencia en un lugar de visualización remota. La ventaja de la proyección astral es que realmente puedas hacer que se detecte tu presencia en cualquier situación determinada. La desventaja es que uno tiende a perder cualquier perspectiva intelectual o emocional porque ahora eres energéticamente parte de lo que está ocurriendo. Por lo tanto, ¿en qué momento querrías utilizar esta destreza?

Digamos que una persona amada está ausente y tiene problemas. Quisieras estar con ella y ayudarla. Puedes usar tu proyección astral para llevarle el apoyo de tu presencia. Ya esté o no consciente de esa presencia, experimentará tu ayuda. Esto difiere del apoyo telepático en que, en la proyección astral, tu presencia está allí de manera más potente desde el punto de vista visceral y físico. En mis talleres, los alumnos tienden a utilizarse mutuamente como ayudas intuitivas y de sanación. Establecen prolongadas conexiones entre sí, lo que conocemos como nuestro Círculo. No es raro que, en una crisis, un miembro del Círculo informe haber visto a otro miembro del Círculo en el momento preciso en el que esa persona estaba enviando su sanación. La persona que hace el envío también tiene la experiencia de haber estado realmente con su objetivo.

Es frecuente que cuando un miembro del Círculo tenga una crisis, de la cual no haya dicho nada, reciba una lluvia de correos electrónicos con expresiones de apoyo, preguntas u observaciones acerca de y en relación con la persona que tiene el problema. Debido a que mi grupo aún no ha aprendido cómo no enviar correos electrónicos a toda la lista del taller (esto lo digo con amabilidad, amigos), yo recibo copias de muchos de estos ciclones de atención por lo que los puedo ver de primera mano.

Tengo un circular electrónico bastante desorganizado e informal que envío a los alumnos cuando mi espíritu me lo indica. Con frecuencia, cuando estoy pasando momentos difíciles o cuando estoy enferma, les pido que me envíen sanación y/o lecturas de correo electrónico en forma remota. No es raro para mí "ver" algunos de los alumnos por la casa y luego recibir sus correos electrónicos en donde me cuentan que estuvieron trabajando en mí o que tuvieron un sueño detallado de mí en ese momento. De nuevo, tanto el tiempo indicado como la precisión de los detalles confirman la experiencia.

En muchas oportunidades, mi hijo me ha pedido que no piense en él cuando está en la escuela porque puede sentirme y esto hace que se distraiga. Me envía mensajes de texto cuando estoy preocupada por él (justo cuando está haciendo lo que me hacía preocupar, en primer lugar).

Estoy segura de que muchos habrán experimentado estar totalmente concentrados en alguien sólo para descubrir más tarde que los estaban necesitando.

Ya sea que se den cuenta o no, todos se han centrado en un ser querido con la suficiente atención y energía como para que esa persona las haya sentido, oído o inclusive visto. Han tenido un efecto en ella, así como otros han tenido un efecto similar en ustedes. Esto puede ser un don increíble y una herramienta muy útil.

El siguiente es otro ejemplo: se está llevando a cabo una reunión en la que quieres influir. Puedes hacer sentir tu presencia mediante esta técnica. Sugiero que experimentes tanto con la visualización remota como con la proyección astral. Lo más probable es que encuentres muchos usos para estas técnicas tanto en tu vida personal como en tu vida profesional, que a mí aún no se me han ocurrido, y que al combinarlas con otras destrezas intuitivas de las aquí descritas, te darán un proceso dinámico para influir en los acontecimientos.

Valoro especialmente la forma como la proyección astral me puede dar momentos de paz durante tiempos difíciles. Es frecuente que "visite" lugares o haga oración o contemplación cuando tengo un día especialmente deprimente. Cuando he tenido algún desacuerdo, suelo visualizar o visitar lo que realmente ocurrió para ver si es posible que haya llegado a una conclusión errada. Se supone que estas herramientas son algo que puedes usar sin problemas, con facilidad y de forma productiva en todas las áreas de tu vida. Son formas de entender, influir y conectarte con el mundo que te rodea cuando no puedes estar físicamente presente; de hecho, suelen ser más potentes que la presencia física debido a la sutileza que permiten.

Cuando integres la visualización remota en tu vida diaria verás que, sin tener que hacer el ejercicio de visualización remota, reconocerás las situaciones que requieren tu intervención y te sentirás cómodo y preparado para intervenir en ellas. Además tendrás una mejor comprensión de dónde han estado las personas en tu vida, y podrás responderles de manera más adecuada. Cuando alguien te describa algo o te cuente una historia, te darás cuenta de que tienes tu atención concentrada en la escena que te están describiendo. De hecho, en mis talleres, es frecuente que tenga que recordar a los alumnos que "deben quedarse en donde están", dado que la visualización remota y la proyección astral que la acompaña son tan automáticas.

Tal como sucede con el trabajo intuitivo, será más fácil visualizar con exactitud los objetivos que no has visto y de los que tienes poco conocimiento. La mente procura razonar y hay que tener experiencia y práctica para olvidarse de lo que uno sabe, a fin de permitir que la intuición nos dé una lectura clara.

Entre un objetivo y otro, conviene volver a un estado de reposo en cuanto a la atención, que debe ser la mejor experiencia posible de estar en el momento presente siendo realmente tú.

Cuando domines la visualización remota podrás ir a fiestas sin necesidad de arreglarte y enterarte de los mejores chismes; podrás colarte en las reuniones de tus competidores y hacer planes más efectivos para cuidar tu jardín. Podrás visitar el salón de clases de tu hijo y ver lo que está pasando e inclusive hacer que se conozca tu presencia allí, cuando sea necesario.

Para practicar la visualización remota es mejor hacerla muy rápido. Entrar y salir. Encontrar lo que estás buscando e irte. Entre más móviles sean tus distintas capacidades intuitivas, te serán más útiles en el curso de tu vida. Por otra parte, si la utilizas para que sepan que estás presente, tal vez quieras quedarte más tiempo.

Cómo perfeccionar tus destrezas de visualización remota

Los siguientes son algunos ejercicios que puedes utilizar para desarrollar esta poderosa destreza intuitiva. Podrás modificarlos a voluntad o agregar tus propios ejercicios para adaptarte a situaciones y necesidades especiales.

Proceso 1 de visualización remota

Elige una ubicación que puedas confirmar.

- ¿Busco algo específico? _____

  _____

  _____

  _____

- ¿Adónde iré hoy? _____

  _____

  _____

  _____

- Vine a este punto una vez más y observé las siguientes actividades, vi a las siguientes personas, encontré el siguiente entorno: _____

  _____

  _____

  _____

• Escribe sobre la primera vez: _____

_____

_____

_____

• Escribe sobre la segunda vez: _____

_____

_____

_____

• Escribe sobre la tercera vez: _____

_____

_____

_____

Si este ejercicio te parece muy confuso, déjalo a un lado por ahora y retómalo después. Sin embargo, es un ejercicio divertido ya que cada cual tiene impresiones y detalles diferentes acerca de un lugar específico.

Proceso 2 de visualización remota

¿Qué otras situaciones o lugares quiero visualizar en el futuro?

• Objetivo: _____

_____

• Respuestas: _____

_____

_____

_____

• Confirmación (naturalmente, esto tendrá que hacerse en el futuro): _____

_____

_____

_____

• El objetivo en una fecha futura: _____

_____

_____

_____

• Escribe tus observaciones: _____

_____

_____

_____

¿Qué necesito ver de nuevo en mi pasado para avanzar con mayor efectividad en mi vida?

• Evento: _____

_____

• Observaciones: _____

_____

_____

_____

• Efecto que tuvo en mí: _____

_____

_____

_____

¿Qué veo en mi visualización remota que me esté distrayendo, perturbando o que me resulte nocivo? Me comprometeré a centrar mi atención en mi incorporación, cuando esto vuelva a ocurrir (trabaja en una cosa a la vez).

• Observaciones: _____

_____

_____

_____

Proceso 3 de visualización remota:
Visualización remota para la transformación

Piensa para tus adentros: Hoy voy a enfrentar un solo reto en mi vida (amor, negocios o cualquier otra cosa) y utilizaré la visualización remota para ver una perspectiva de autoempoderamiento. Permitiré que la intuición elija los lugares y haré esto a lo largo del día, anotando mis datos, pero sólo los evaluaré en la noche.

• Reto: _____

_____

_____

_____

• Ubicación anterior: _____
_____
_____
_____

• Ubicación actual: _____
_____
_____
_____

• Ubicación futura: _____
_____
_____
_____

• Cuando revise estos datos, esto será lo que mi visualización remota haya logrado para mí hoy: _____
_____
_____
_____

• ¿Adónde voy cuando necesito apoyo, inspiración o fortaleza? _____
_____
_____
_____

Proceso 4 de visualización remota:
Proyección astral

Elige una persona o una situación de la que quieras ser parte ahora.

Tal vez quieras hacerlo sentada o acostada y con los ojos cerrados aunque no es necesario hacerlo así. Sin embargo, con esta posición podrás eliminar algunas de las experiencias de tu entorno que pueden distraerte. Este ejercicio se hace mejor con el acierto rápido para visualización remota, como al comienzo del primer capítulo, profundizando después la experiencia con los siguientes pasos.

Visualiza tu objetivo. Mientras lo haces, permite que la experiencia del sitio donde está ahora tu cuerpo se convierta en algo suelto e impreciso. Permite que tus sentidos y tu atención visualicen tu objetivo de manera que formes parte de la escena, parte de la estructura. Intuye tus interconexiones con lo que tengas a tu alrededor y con quien esté contigo y también toma nota de tu efecto en el objetivo y del efecto del objetivo en ti. Ahora puedes moverte libremente, interactuar, tocar, hablar o mover cosas, lo que decidas hacer.

Cuando termines tal vez quieras tomar nota de lo que ha ocurrido y de cualesquiera cambios que hayas intuido en la situación como resultado de tu presencia. Para terminar, incorpórate en el aquí y el ahora.

Cómo utilizar la visualización remota durante el sueño

Describe los objetivos que deseas visitar y lo que esperas encontrar allí. Suele ser útil elegir un objetivo, algún lugar o algo cuya estructura o dinámica debas evaluar a profundidad. Recuerda, si hay una verdadera necesidad o algún beneficio de hacer un ejercicio, lo más probable es que tu subconsciente permita que prevalezca tu intuición.

En la mañana, al momento en que despiertes, fíjate dónde está tu atención, qué recuerdas de la noche, cómo te sientes, en qué piensas, en quién piensas, etc. Una vez que hayas documentado toda tu información, utiliza tu visualización remota para repasar los distintos momentos del día y prepárate mientras te cepillas los dientes, usas el hilo dental y te vistes para responder sin demora de la manera más potente.

**Respuesta al ejercicio de "Lanzarte a la piscina del lado profundo",
que aparece en las páginas 177–178.**

¿Hay alguna posibilidad de que hayas dibujado una forma similar a un obelisco, algo que parezca extraño, con mucha gente? Tal vez hayas dibujado un palo o tal vez hayas visto una bandera de Francia, algo que atraiga turistas, algo que se visite en los días festivos, etc. ¿Pensaste en una película francesa o en un amigo francés? ¿Pensaste, de pronto, que te encantaría un café con leche, unos caracoles o un pan croissant (lo digo en serio)? ¿Fijaste tu atención en alguna cosa en tu entorno que fuera alta, delgada o francesa? Si algo de esto ocurrió, fue porque te di las coordenadas de la Torre Eiffel.

CAPÍTULO 7

Precognición

Tu futuro depende de muchas cosas, pero depende principalmente de ti.

—FRANK TYGER

NOTAS

Ejercicio de acierto rápido para precognición

1. Plantéate un interrogante acerca del futuro. Escríbelo.

2. Ve a hacer alguna otra cosa —toma una ducha, empieza a preparar la cena o lee una revista.

3. Mientras haces lo que hayas decidido hacer, cada vez que lo que estás haciendo te envíe de la nada un mensaje incongruente, escríbelo.

4. Sigue con lo que estés haciendo a medida que vas anotando tus impresiones.

5. Tarde o temprano te vendrá a la mente la respuesta a tu interrogante inicial sobre el futuro.

6. Confirma su probabilidad utilizando la información tradicional. Si esta información está en conflicto con tu intuición acerca del futuro —como suele ocurrir— analiza la información que te llegó desde la línea izquierda del campo de juego mientras hacías esa otra cosa. Lo más probable es que te hayas dado información no relacionada, aunque exacta, acerca de los eventos futuros que llevan a tu respuesta. El esquema es algo así: si se da el caso *a* y se da el caso *b*, las probabilidades, aunque no siempre, suelen ser que se dé también el caso *c*. Si se trata de una verdadera emergencia, lo más probable es que tu intuición te dé la respuesta sin que tengas que formular la pregunta. Eso es, supuestamente, lo que tu intuición debe hacer.

Lo que experimentaste en el acierto rápido

La precognición utiliza el mismo mecanismo que la intuición, aunque tal vez para obtener una respuesta verdaderamente exacta hayas recurrido a muchas de tus destrezas intuitivas, incluyendo la telepatía, actuar como médium, la visualización remota y también tu sentido de precognición. La precognición saturó tu mente y tus sentidos junto con todo lo que observaste en tu entorno (el cuadro que nunca habías notado en el corredor de la entrada a tu edificio, un aviso publicitario de la empresa de tu competencia o un color oscuro cuando alguien mencionó el precio del yen). Es posible que, mientras recopilabas información, a diferencia de la forma como percibes esas destrezas en la actualidad, tu precognición te haya dado la sensación de que tienes la posibilidad de elegir, de que cuentas con otros cursos de acción u otras formas de responder.

Levanta la mano si quisieras conocer el futuro

Si quieres pasar más tiempo en tu sofá, y que ese tiempo sea más efectivo, la precognición, o poder predecir el futuro, es una destreza esencial. Además de las respuestas correctas, y muy útiles, a preguntas como "¿Debo llevar el paraguas?", la precognición te ayuda a librarte de hábitos como dar pasos en falso, dar un giro equivocado, y presentarte en algún lugar sin estar debidamente preparada. La precognición acaba con los ensueños reemplazándolos por un futuro lógico, que se puede lograr, y que suele ser mucho mejor a cualquier cosa que imagines. Cuando tienes un sentido exacto, aunque incompleto, de lo que te depara el futuro, puedes dedicar la energía necesaria a encontrar dentro de ti, y en tu vida, los recursos que requieres y tomar las decisiones correctas con la mayor frecuencia posible.

Te daré muchas formas de percibir el futuro. La mayoría dice, "Ay, no quiero conocer el futuro", lo que debo admitir es tan extraño para mí como "Nunca como chocolate". Sin embargo, siento que debo dirigirme a aquellos de ustedes que tienen la idea errónea de que si cierran los ojos cuando alguien les lanza una pelota de béisbol, no los golpeará. La razón por la que deseamos ver el futuro es para estar preparadas para lo que viene y, cuando queramos, poder cambiarlo. Aquellos de ustedes que no se permiten ver el futuro suelen experimentar "mala suerte" con demasiada frecuencia (no existe la mala suerte, sólo la mala preparación), una y otra y otra vez en sus relaciones, sus inversiones, sus negocios, su salud, etc. Las excusas que oigo para no querer ver el futuro van desde la actitud de los años sesenta, "Tomaré las cosas como vengan", hasta la neurótica actitud de los años noventa, "Me aterraría". La realidad es que uno ve el futuro, lo quiera o no, y el subconsciente reacciona a él sin cesar. Tal vez estés evitando el amor para evitar la pérdida, o estés saboteándote de alguna forma para evitar el éxito porque sabes que, en algún momento, te engañarán en los negocios, y así sucesivamente. A menos que estés consciente de los miedos que te motivan, siempre tomarás algunas decisiones equivocadas basadas en un futuro del que conoces lo suficiente como para reaccionar a lo que viene pero que no sabes a ciencia cierta cómo cambiar. El empoderamiento que obtienes al saber que *puedes* cambiar aquello que te asusta, te entristece o te disgusta, es enorme.

PUEDES UTILIZAR LA PRECOGNICIÓN DE MÚLTIPLES FORMAS:

- Para producir cambios en el presente y así crear el mejor futuro posible

- Para predecir los movimientos del mercado de valores

- Para definir lo que hay y lo que no hay en tu esfera de influencia

- Para predecir el futuro de cualquier cosa o de cualquier persona

• Para manejar tus recursos, tu atención y tu energía de manera que puedas influir para producir un cambio

...todo desde tu sofá.

Mientras lees esto estás prediciendo el futuro. En cada momento, aun mientras duermes, estás viviendo en muchas "zonas de tiempo" distintas. En algunos momentos probablemente estés muy consciente de experimentar aspectos de tu pasado, pero la idea de que puedes estar experimentando tu futuro tal vez sea tan extraña para ti que reprimes la experiencia o, en el mejor de los casos, se la atribuyes a tu imaginación. Mis alumnos suelen decirme que experimentan depresión, ansiedad y otros síntomas psiquiátricos que se presentan mucho antes de que un futuro difícil se manifieste en sus vidas. Cuando redefines tu realidad para incluir la conciencia de tus sesgos del pasado, podrás vivir más plenamente el momento actual y responder de forma más efectiva a tu futuro. Una intuición bien equilibrada te da apenas el sentido suficiente de un evento futuro como para que puedas actuar en tu mejor interés en el presente, con frecuencia sin conocer cada uno de los detalles ni comprender el porqué. La intuición (en forma de precognición) también puede ser una advertencia de que es tiempo de actuar para evitar un determinado evento (por ejemplo, vender tus acciones de tecnología antes de que baje su precio, aunque todo el mundo piense que seguirá subiendo), o prepararte para un determinado acontecimiento (como conseguir un trabajo aunque todo parezca estar muy bien en tu hogar y cuentes con dinero más que suficiente).

Sin embargo, quisiera decir aquí que no creo en capacitar a los niños en este tipo de intuición porque de por sí ya son bastante intuitivos y carecen de las capacidades intelectuales y las funciones del ego para diferenciar entre los sentimiento y la intuición. También les falta experiencia para poder actuar con responsabilidad basados en su precognición. El hecho es que, como lo sabes, la función del niño es observar lo que todos ven conscientemente y utilizar el cuestionamiento y el razonamiento socrático para aprender acerca del mundo. Sin embargo, estar conscientes de la intuición les permitirá ser proactivos y contar con empoderamiento. Podemos enseñar a nuestros niños a prestar atención cuando algo no esté bien y a utilizar tanto su buen criterio como su experiencia para encontrar un adulto de confianza que los ayude. Así la intuición se conecta en forma orgánica (como ocurre con la creatividad) para ayudar a que el niño esté más seguro, sea más proactivo y reciba empoderamiento.

Aunque parezca extraño, el enfoque de quienes pertenecen a la generación de los años sesenta que consiste en dejarse llevar por sus sentimientos es, hasta cierto punto, contraintuitivo puesto que, por lo general, no sabemos a qué se debe ese sentimiento porque lo que lo produce ni siquiera ha sucedido. Sin embargo, lo que la precognición *puede* hacer es permitirte identificar lo que probablemente ocurrirá e irte guiando hacia una solución potencial del resultado. Debes tener en cuenta que no me refiero aquí a acciones dramáticas, que tengan un gran impacto en tu vida; la mayoría de las acciones que mejoran tu vida son muy sutiles (porque suplen necesidades que aún no tienes y resuelven los problemas antes de que ocurran). Tomar unas lecciones de técnicas para escribir, encontrar una nueva dirección para tu empresa o aprender a poner inyecciones como es debido —lo que sea que tu intuición te indique que hagas— te preparará para lo que está por llegar, mientras que te dará a la vez un sentido de logro y satisfacción. Es devastador "saber" que de aquí a diez años te divorciarás y tendrás que criar un hijo tu solo. Sin embargo, es muy efectivo y conveniente puesto que te da empoderamiento y te preparara bien para los cambios de la vida antes de que tengas la conciencia clara de que necesitas esa preparación.

Para recapitular, alguna parte de ti, en tu interior, sabe realmente lo que está por venir. Como ya lo expliqué, es posible que tu respuesta sea hacer algo aparentemente irracional e ineficiente (como evitar los éxitos para que nunca te roben, en lugar de promocionar tus propios logros y tus capacidades de autoprotección adecuada) o cosas frenéticas y desesperadas (como suele ocurrir cuando nos encontramos en una relación que sabemos que terminará mal, tal vez para desviar tu atención de lo que te espera en el futuro). Cuando te permites percibir el futuro, te estarás empoderando para tomar parte plenamente activa en su creación.

Verás que en este capítulo utilizaré con frecuencia, en forma intercambiable, los términos "subconsciente" e "intuitivo". Procura entender que las intuiciones que no queremos o no podemos aceptar conscientemente están almacenadas en lo más profundo del subconsciente. Esto se debe a que hay muchas cosas que serían demasiado desorientadoras si pudiéramos verlas con excesiva claridad. Además, minuto a minuto, estamos tomando determinaciones que afectan el futuro. Por eso resulta a veces más fácil predecir los eventos mundiales, sobre los cuales no podemos influir que predecir el momento en el que te enamorarás, que, aunque no lo creas, es algo cuyo control depende de las alternativas que elijas. Ésta es también la respuesta a la pregunta:"Si predecimos un evento futuro, ¿cómo sabemos que no lo hemos creado?". Al predecir cosas que están más allá de nuestro control, ya sean personales o universales, podemos ver el poder de la predicción en acción.

Tenemos, por lo general, una profunda certeza de "saber algo", sin embargo, en la mayoría de los casos, la información no es lo suficientemente clara como para poder en relación con ella. Tendemos a permitir en nuestra mente consciente sólo los pensamientos que aceptamos como reales. Así el subconsciente protege nuestra percepción de la realidad. No es necesario que creas que puedes predecir el futuro para ser consciente de que lo puedes hacer; sin embargo, debes dejar de juzgar sólo el tiempo suficiente para permitirte documentar las precogniciones que recibes.

¿Cómo dejar de juzgar? Para empezar, sigue al pie de la letra mis instrucciones. No te preocupes por el locutor que tienes en tu mente, tras bambalinas, diciéndote que esto es ridículo. Déjalo hablar pero, de todas formas, haz tus ejercicios. Quita la cubierta del libro si tienes que reemplazarla con la cubierta de *Cómo reparar un automóvil*. Una de las mejores formas de esquivar los juicios es escribir o llevar un registro de las ideas y cosas extrañas que adviertes al comenzar este capítulo y simplemente repasarlas con el tiempo. Lo que ocurrirá será que verás/oirás que, de alguna forma, puedes predecir eventos relacionados con tus interrogantes y preocupaciones. A su vez, este conocimiento permite que tu subconsciente te haga estar cada vez más consciente de esta información sin distorsionar tu visión de la realidad. Se requiere práctica; pero verás que no tomará mucho tiempo para que el proceso tenga sentido —si lo haces con la debida diligencia es bastante simple. Ten en cuenta los acontecimientos, regístralos y revísalos.

¿Cuántas veces has ignorado tus sentimientos y has tomado la decisión equivocada? Una simple investigación de la atención que prestas a tus sentidos podría haber impedido que cometieras algunos errores que podrías haber evitado. Ahora bien, no todos tus sentimientos que tienen que ver con dificultades se relacionan con eventos futuros. Entonces, ¿cómo distinguir la diferencia? Debes comenzar por preguntarte qué actitud razonable, que puedas adoptar, te haría sentir mejor. Cuando digo, "Pregúntate", no quiero decir que debas rumiar el problema por horas o días. Sólo acepta que quieres resolver esa sensación y, con el tiempo, verás que lo que debes hacer se irá dando.

Recuerda la periferia, puesto que la precognición se desarrolla en la periferia del enfoque, ese dominio nebuloso donde tal vez no estés inclinado a explorar, quizás pensando que no importa. Todo importa —sobre todo la periferia. Podrías decir, "Si la intuición me dice que mi abuelo va a morir, ¿cómo hago para sentirme mejor ante esa idea?". Tal vez decidas pasar más tiempo con él, por último puedes decirle cuánto le agradeces su bondad o qué tan disgustado estás por su violencia, o tal vez puedas, simplemente, llegar a un entendimiento sobre la relación entre ustedes, poniéndolo a él en primer lugar, de modo que, cuando ocurra la pérdida, estés preparado. Si se trata de un evento que puede evitarse, tal vez le puedas ayudar a evitarlo.

Hace décadas hubo una matanza masiva en un aeropuerto de Roma. Yo viajaba a Roma con frecuencia y era muy parca en lo que gastaba en pasajes aéreos. Me había sentido ansiosa durante varias semanas antes del viaje y, a último momento, decidí, porque sí, gastar dinero extra y cambiar mi pasaje barato. De no haberlo hecho, habría llegado al aeropuerto de Roma al momento de la masacre. Si la hubiera "visto" literalmente, habría quedado tan angustiada que no habría podido actuar. La precognición hizo algo muy bueno para mí: me dio la información y me indicó la forma en que debía actuar sin asustarme hasta el punto de no poder tomar cualquier decisión.

Está bien, así que has visto el futuro, ¿ahora qué?

Es muy raro que la precognición te indique cuándo adoptar medidas dramáticas que podrían perturbar tu vida y las vidas de los demás. Son muy pocas las cosas que ocurren en la vida o los negocios como para requerir tales extremos y tu intuición "sabe" lo que va a ocurrir con tanta anticipación que no te perturbaría con una situación dramática al advertirte lo que va a pasar en el último minuto —a menos, claro está, que tu subconsciente desee ese tipo de drama. Esa es, por lo general, la voz del sentimiento que se hace sentir. Cuando las acciones requieren un cambio radical (como cuando vendí todas las acciones de tecnología de mi hijo, que habían tenido un desempeño tan bueno y parecía que seguirían mostrando aún mejores resultados), por lo general es algo lógico que puede ser validado por otros datos (en este caso, su fondo de acciones de tecnología por sí solo, había tenido un muy buen desempeño e incluso si yo lo vendía antes de que llegara al tope, sería una ganancia para él; había una posibilidad razonable de que el mercado de tecnología se tornara vulnerable, etc.).

El futuro no está tallado en piedra pero es fluido y, al igual que el presente, susceptible de cambiar. Algunas cosas están dentro de tu campo de control, otras no. El movimiento del mercado de productos perecederos, por ejemplo, es algo que no podemos controlar, a menos que seamos unos de los principales actores en ese campo. Sin embargo, cuando uno apuesta a que el mercado va a subir o va a bajar, es algo sobre lo que sí tenemos control. Parte del don de la precognición es la capacidad de ubicarnos en una posición que nos permita lograr el mejor resultado para *nosotros*. Cuando algo está dentro de nuestro control (por ejemplo, cuando uno tiene el convencimiento de que el producto que fabrica su compañía tendrá una corta vida en el mercado), podemos utilizar nuestras destrezas para saber el "porqué" y cómo evitar el resultado desfavorable (en este caso, una reposición del producto en el mercado y el desarrollo de uno de los otros productos de la empresa). Lo hermoso de la precognición es que el mismo sentido de intuición que nos advierte que algo no está bien, nos ofrecerá también la opción de corregirlo.

¿Cómo funciona la precognición?

Aunque hay muchas ideas sobre la forma como funciona la precognición, permíteme darte la mía y ver si, tal vez, tú la experimentas como lo hago yo.

Imagina, ahora mismo, una experiencia con todos tus sentidos, una experiencia en el presente inmediato. ¿Qué sientes? ¿Qué sucede en tu interior, a tu alrededor, en tu entorno y en el universo hasta donde quieras ampliar tu conocimiento y tus percepciones? Quédate en este momento. Tal vez descubras que ahora no puedes dejar de saber/experimentar muchas cosas distintas: cómo se siente tu socio o tu amigo o tu amiga, lo que él o ella están haciendo, algo específico relacionado con el mundo, lo que adviertes dentro de la habitación, lo que tienes que lograr hoy —y toda una serie de eventos, experiencias y perspectivas disponibles sólo en este preciso momento.

Ahora considera que en este mismo momento existe también tu pasado. Tienes una conversación con tu maestra de tercer grado acerca de lo larga que es la tarea y deseas no haberte puesto un suéter que pique tanto. Eres consciente de que tu mamá está preocupada pensando en lo que preparará para la cena y sabes que tu maestra acaba de perder a su esposo por un cáncer (aunque no tienes ni idea, a los nueve años de edad, de qué es el cáncer, pero de todas formas, por alguna razón tienes esa palabra en tu mente).

Ahora considera que en este mismo momento también existe tu futuro. Estás sembrando matas en tu balcón. El aire de mar es fresco y su roce contra tu piel es fascinante. Vas por la mitad de un libro que realmente disfrutas pero no estás muy dispuesta a entrar y seguir leyéndolo.

La forma como lo ves es la siguiente: en cada momento experimentas pasado, presente y futuro —desde tu propia perspectiva y desde la de los demás. Es como si estos tres "momentos" estuvieran ocurriendo en forma simultánea en un mismo lugar.

Dicho esto, con la misma facilidad con que puedes cambiar el presente haciendo una llamada telefónica, cambiando tu posición en el sofá, saliendo a caminar o tomándote una aspirina, con la misma facilidad puedes cambiar el pasado o el futuro. Experimentar un futuro existente me permite decidir en el presente qué debo cambiar para afectar ese futuro. En mi experiencia, todo es móvil y fluido y entre más puedas crear una experiencia de esta movilidad/fluidez, más podrás utilizarla para crear un cambio. Aunque necesitas tus sentidos de realidad y de juicio para funcionar debidamente, es posible que estos también restrinjan lo que puedes hacer con tu energía, como si fueran marcos de limitación autoimpuestos y una organización energética. Lo que quiero decir por esto es que no puedes simplemente ordenarle a tu mente que acepte las creencias más convincentes, pero sí puedes intentar hacer pequeñas cosas que te muestren evidencia que soporte nuevos juicios que puedan permitirte tener acceso a una versión más útil de la realidad. Es la experiencia de otra verdad que cambiará la forma como utilizas tu capacidad de precognición.

A medida que lees esto, permítete ser tan consciente como sea posible de los detalles del momento. ¿Qué experimentas? ¿Qué hay a tu alrededor? ¿Cómo te sientes? ¿Qué llama tu atención? Sé que puedo parecer repetitiva, pero es precisamente esta conectividad con el ahora la que te ayudará a entender un sentido más amplio, más completo de tu *yo* en este momento.

¿Qué partes de tus experiencias, conversaciones y sentimientos del pasado se disparan hacia ti para después salir de tu experiencia presente de este momento? Permítete ser consciente de que el pasado siempre se desliza hacia el ahora, y existe en el momento actual y acepta esa conciencia, pero céntrate de nuevo en tu conciencia del presente.

Ahora observa cómo empiezas a sentirte atraído hacia el futuro. Tal vez experimentes esa conciencia del futuro como una preocupación o una esperanza, o como la forma de llevar un registro de lo que debes hacer. No te preocupes por los detalles; en cambio, limítate a permitir la conciencia del futuro y a tener en cuenta sus detalles. Cada vez que tu atención se desplace hacia el futuro, obsérvala y concentra tu atención de nuevo en el presente.

Si trabajas dentro del sistema de tu creencia más probable, sólo podrás cambiar el tiempo en lo que tú llamas "el presente". Con la conciencia del presente, mientras somos guiados por la información relacionada con el "futuro" y nos permitimos reformular el "pasado", podemos crear cambios milagrosos. ¿Por qué utilizo el término *milagroso*? Si puedes hacer, crear, manifestar o lograr algo que nunca creíste que podrías hacer, dirías que es un milagro, ¿no es cierto? Algo sorprendente, algo que escapa al ámbito de las posibilidades...

Bienvenido al mundo de los milagros.

Cómo dirigirse a los escépticos

Sé que muchos de ustedes son escépticos en cuanto a su capacidad (o tal vez la capacidad de cualquiera) de predecir el futuro. Es posible que recuerdes muchas oportunidades en las que simplemente supiste algo que iba a ocurrir de una cierta forma —y no fue así. También yo recuerdo ocasiones en las que no tenía ningún indicio acerca de algo a lo que habría debido prestar más atención. Uno de los reclamos favoritos que me hago es: "Si eres tan psíquica, ¿por qué no evitaste el desastre? ¿Tú que te crees tan inteligente?". Hay explicaciones para estos momentos de ausencia de guía y ceguera (el subconsciente está verdaderamente *sub*consciente), pero la realidad es que la mayoría de tus decisiones, desde las más pequeñas, como lo que llevas en la lonchera para el almuerzo, hasta las más importantes, como la forma como te prepararás para el futuro, son todas realmente parte de tu matriz precognitiva. Si inspeccionaras un día por no hablar de una semana, un mes o un año, te darías cuenta de que tomas cientos de decisiones, muchas de las cuales no puedes basar en experiencia ni en razón y, sin embargo, de alguna forma, tomas buenas decisiones. ¿Cómo puede ser? Bien, hay algo más que entra en juego aquí: estás respondiendo a un patrón del que tal vez no estés plenamente consciente, un patrón que te indica lo que está por venir. Cuando te haces más consciente de este patrón predictivo, puedes tomar mejores decisiones relacionadas con el futuro. De hecho, puedes crear un futuro mejor, empezando desde ahora.

La ciencia se interesa también en la precognición. Se han realizado muchos experimentos en el campo de la precognición, algunos de ellos financiados incluso por el gobierno. Si haces una búsqueda rápida en Internet sobre la ciencia y la precognición, verás que hay más evidencia de su existencia de lo que cabría en este libro. En uno de esos experimentos, aunque no lo creas, los sujetos respondieron a un ruido fuerte de tres a cinco segundos antes de que éste se produjera.

La precognición no tiene límites

Al igual que con todas las destrezas humanas, la precognición se practica por humanos y, por esa razón, está sujeta a interpretación y a error. En raras oportunidades tendrás un panorama completo. Lo que recibirás serán piezas que hay que armar y entre más practiques, más exacto será el rompecabezas que emerja. Permíteme darte un ejemplo de un error de precognición que cometí hace poco. Una amiga acababa de ser despedida de su trabajo. No había ahorrado mucho dinero y estaba muy preocupada de qué haría para pagar sus deudas. Me llamó y "vi" que tenía dinero más que suficiente para pagar sus facturas, por lo que me imaginé que de una u otra forma recuperaría su puesto. Pero me equivoqué. En cambio, lo que ocurrió fue que su madre murió y le dejó dinero. Me estaba fijando en el blanco equivocado o en la pregunta equivocada y, por lo tanto, cometí un error. Estaba respondiendo a la pregunta, "¿Podrá pagar sus deudas?" y no a, "¿La volverán a contratar?".

La pregunta relacionada con la precognición que suelen hacerme con más frecuencia es: "¿Cómo sabré que estoy realmente prediciendo el futuro y no solamente deseando o temiendo

algo?". Aunque hay algunos signos que pueden ayudarte a di-
lucidar sutilmente la respuesta a esta pregunta, la verdadera
respuesta es que no tienes cómo saberlo. Sin embargo, cuanto
más practiques, más precisas serán tus predicciones, cosa que
podrás comprobar si documentas lo que predices y lo cotejas
consistentemente después. También ayuda a permitir que te llegue la mayor cantidad de información posible sin limitar lo que
adviertes y documentas en cuanto a lo que piensas que se refiere
a tu objetivo/pregunta.

Hay muchas teorías acerca de cómo funciona la precognición.
Una es que el tiempo es en realidad un lugar y no un continuo,
por lo que todos los eventos están ocurriendo ahora y ya existen.
Otra es que los eventos son dinámicas de energía o vibraciones
que pueden ser rastreadas hacia adelante, como una bola de
bolos mientras rueda hacia los boliches; la parte intuitiva es ver
la trayectoria de la bola. Existe también la teoría de la rejilla
(que será más clara si la buscas en línea) y muchas otras que no
puedo explicar. Tengo mi propia opinión, que te haré el favor de
guardar para mí, puesto que no es más que eso, una opinión. Lo
que sé con base en observaciones de miles de personas a lo largo
de treinta años es que todos podemos recibir información precognitiva y cuanto más practiquemos y documentemos nuestras
percepciones del futuro, más útil, predecible y confiable será esta
habilidad.

Por lo tanto, entre más cosas observes y documentes y entre más
integres la información que recibes, más completo será tu mapa

de eventos que lleva a tu respuesta y mayor la claridad con la que podrás confirmar la información.

En mis treinta años de intuitiva profesional, he podido comprobar que la precognición es confiable aunque no perfecta. Estoy segura de que buscas el proceso perfecto, la forma de garantizar que jamás te equivocarás. Eso no existe. Sin embargo, la precognición es bastante confiable cuando uno se capacita, pero las cosas pueden salir mal y, al igual que con todo lo demás, hay que tomar precauciones. Una de las formas de protegerte de la precognición no confiable es procurar llevar una vida en la que la precognición sea una práctica diaria y procurar, con la mayor disciplina posible, *escribir tu futuro*. Al hacerlo, tendrás los datos disponibles en caso de que los eventos que predigas no se den, para indicarte que vas en el camino correcto o que estás fuera de base. Cuanto más saques la predicción del futuro del campo de la magia y permitas que te sirva como simple herramienta de supervivencia, se convertirá en una herramienta cada vez más precisa para ti. Aunque mistificar las cosas puede hacerlas más románticas e interesantes, lo cierto es que entre más pasos le agreguemos a una danza, más difícil será interpretarla correctamente. La predicción del futuro debe ser una forma de simplificar tu vida.

¿Cuál es la relación entre premoniciones y la precognición?

Por lo general, las **premoniciones** suelen ser advertencias de que va a ocurrir algo malo, mientras que la **precognición** se refiere, con más frecuencia, a conocer de antemano los resultados tanto positivos como negativos. Las verdaderas premoniciones son verdaderos fenómenos, y la evolución nos ha dotado de intuición (en diversas formas) como una herramienta de supervivencia. Después de todo, el conocimiento de peligros o desastres inminentes mejora, en gran medida, nuestra probabilidad de sobrevivir.

En vez de quedar paralizados por la premonición, o de entregarse a una reacción refleja, recibe la premonición. Escúchala. ¿Qué te dice? Las premoniciones no siempre se presentan en blanco y negro. Por ejemplo, puedes tener la sensación de un terremoto inminente. Puede haber una advertencia de un terremoto real. Por otra parte, el terremoto puede ser el simbolismo que utiliza tu subconsciente para advertirte acerca de un acontecimiento que cambiará tu vida de forma importante.

Cuando recibas una premonición plantéate cuatro preguntas importantes:

1. ¿Qué va a pasar?

2. ¿Cuándo pasará?

3. ¿Qué quiero que pase?

4. ¿Qué puedo hacer para cambiar el resultado en caso de que no sea lo que deseo?

Cuando recibes una premonición, ¿puedes cambiar el resultado? Sí, porque si no pudieras hacerlo, tu subconsciente no te estaría importunando con la advertencia. Si aceptamos el concepto de que estos tipos de herramientas intuitivas son funciones de la evolución, no habría valor de supervivencia en una advertencia que recibieras acerca de algo que es inevitable, ¿no es verdad? Aquí la excepción es que, al igual que con todas las destrezas intuitivas, tu subconsciente puede utilizar tu capacidad de predecir y buscar tus fijaciones y neurosis; por ejemplo, si tienes la sensación de que el mundo no es un lugar seguro, podrías predecir terremotos de los cuales no tienes la menor idea o epidemias sobre las que no tienes ningún control. De ahí que sea tan importante entrenar tu conciencia y tu vida para mantenerlas enfocadas en las áreas que *te* empoderan.

Las premoniciones nos pueden llegar en sueños o súbitamente. Pero todo el tiempo estamos deseando algo y preocupándonos por algo. Entonces, ¿cómo saber cuándo una premonición es genuina? Una forma de hacerlo es que aparecerá de pronto, sin previo aviso, por fuera de tu ciclo normal de deseos —preocupaciones. Sin embargo, puedes entrenar tu intuición para que esté más alerta. La clave radica en darse cuenta de que todo lo que puedas notar a tu alrededor tiene un sentido y de que lo que presientes en tu entorno —especialmente aquello en lo que centras tu atención— *no* es algo aleatorio. Las premoniciones nos confunden porque son demasiado diferentes de lo que está ocurriendo en el ahora. Es difícil saber si estamos respondiendo en el momento a lo que está ocurriendo justo ahora o si simplemente hemos sido advertidos de algo que está a punto de ocurrir.

¿Debemos hacer caso a las premoniciones? Yo sostengo que si no nos cuesta mucho prestar atención a una fuerte premonición, probablemente lo deberíamos hacer. Al menos deberíamos investigar la advertencia.

Normas para hacer lecturas precognitivas

En primer lugar, elabora un esquema general:

- Conoce tu pregunta u objetivo.

- Sigue el recorrido de tu atención y documenta tu información.

- No intentes evaluar tu información a medida que la recibes.

- A veces recibes información sin obtener una respuesta completa, o incluso sin obtener respuesta alguna. Esto suele ocurrir cuando hay variables sobre las que tienes influencia directa. Cuando esto ocurra, recuerda que los destellos de entendimiento que parecen venir de la nada, cuando has terminado la "lectura", son probablemente más piezas de información con las que puedes responder tu pregunta.

Veamos lo que ocurre al aplicar esto a preguntas reales. Para simplificar, presentaré el proceso completo para cada paso. Cuando quieras saber acerca de una hora o un evento específico en el futuro (¿Tendrá éxito mi fiesta? ¿Tendré salud cuando cumpla setenta años? ¿Cuándo bajará el barril de petróleo a menos de veinte dólares? ¿Cuál será la reacción a este producto cuando salga al mercado el 30 de junio?), las siguientes son algunas formas de hacerlo:

Decide cuál será tu objetivo y supón que tu atención se dirigirá allí. Recuerda que tu objetivo puede ser cualquier cosa sobre la que quieras que tu intuición recaude información.

No dirijas tu atención allí de cualquier forma. Documenta todo lo que observes (o, si estás haciendo una lectura para que alguien más lo anote, vocaliza todo lo que observas). De nuevo, es posible que mucho de lo que ves no tenga sentido para ti o que inclusive no parezca tener nada que ver con tu objetivo. Sigue informando y te encontrarás con un conjunto de hechos comprensibles. La idea es informarlo todo hasta que tú o tu sujeto puedan elaborar una respuesta. Con la práctica te irás dando cuenta de que obtienes tus respuestas en forma más directa y literal.

Permite que tu objetivo venga a ti y obtén una respuesta clara de sí o no. Después permite que tu atención investigue la razón por la cual obtuviste ya fuera un "sí" o un "no" y docuMéntala/infórmala. A medida que haces esto verás que puedes visitar distintos puntos en el tiempo utilizando tu atención. A veces tu "sí" se convierte en "no" y viceversa. El siguiente es un sencillo ejemplo. Para la pregunta, "¿Alguna vez tendré una casa propia?", la respuesta puede ser, "No, no veo [no oigo, siento ni huelo] que vaya a tener mi propia casa". Pero a medida que rastreas la pregunta en el tiempo vas a empezar a sentir de forma muy sutil que *tendrás* una casa para compartir con tu pareja, y el deseo de tener tu casa propia comenzará a convertirse más en realidad que en deseo. Todos experimentamos el tiempo de distinta manera y parte de aprender a leer el futuro y de ubicar las cosas en el tiempo es ser consciente de cómo saber en qué tiempo te encuentras mientras haces una lectura.

Comienza en el presente y sigue tu objetivo hacia la respuesta a la pregunta. Por ejemplo, puedes preguntarte: "¿Cuándo será el mejor momento de vender mi casa en los próximos cinco años?". Haces el seguimiento de los precios de los bienes raíces en el futuro hasta el precio más alto de los próximos cinco años. Verás que sin ningún trabajo te detendrás en el punto correcto. Para cerciorarte, puedes permitir que tu atención siga hacia adelante hasta completar los cinco años. Gran parte de tu información periférica explicará por qué suceden las cosas y te dará también datos aparentemente no relacionados que te llevarán al resultado que deseas y te mostrarán que vas por el camino correcto.

Es posible que lo que "ves" no sea en absoluto los precios de los bienes raíces. Tal vez cuando te hagas esta pregunta, veas un trozo de fruta que se ve especialmente apetitoso y luego lo dejes caer sobre una acera helada al darte cuenta de que está podrido por dentro. Es posible que seas una de esas personas que no están listas para enfrentarse a datos literales intuitivos. Esto significa que en lugar de ver los datos de primera mano, tendrás que interpretar tus símbolos.

Claro está que, en último término, con la práctica, podrás pasar de las pistas a experiencias más literales del futuro. Hay quienes empiezan literalmente y sólo reciben respuestas metafóri-

cas cuando el sujeto se torna demasiado incómodo para permitir-
les la intuición en simples palabras.

Haz que tu mente consciente se desconcentre —tu subconsciente no lo hará

Esto es lo que quisiera que hicieras después: mientras vas leyendo este capítulo, anota todas las distracciones que te impiden
mantener la atención en lo que estoy diciendo. Cada vez que te
distraigas, escribe una o dos palabras que indiquen qué te está
distrayendo y, de ser posible, por qué.

Mientras has ido leyendo, ¿en qué otras cosas te has fijado?
¿Hacia dónde se ha ido tu mente? ¿Qué has estado observando
en tu entorno? Si estos destellos de información periférica en tu
conciencia fueran información para responder la pregunta que
te pedí que te plantearas al comienzo del capítulo, ¿qué tipo de
instrucción obtienes de la información? Ahora pregúntate otra
cosa más. Anótala y luego hablaremos un poco más sobre la precognición.

La precognición, al igual que todas las demás destrezas intuitivas, tiene lugar en la periferia de tu atención. Eliges tu objetivo
o tu interrogante y luego, figurativamente, dejas de mirarlo por el
tiempo suficiente para que tu mente consciente se haga a un lado
y permita que la intuición te dé la información de otra fuente.
Intenta mirar una palabra de esta página durante un minuto
completo. Hazlo ahora.

Mientras lo haces, la palabra misma se tornará borrosa. Si permites que esto ocurra, se formará información a tu alrededor que

definirá aquello que realmente estás mirando. Muy bien, observa qué palabra eliges y muy pronto estarás consciente de uno o dos pensamientos que flotan a tu alrededor a medida que la palabra se va tornando borrosa. Ahora permite que estos pocos pensamientos te digan algo acerca de la importancia de esa palabra en tu vida en este preciso momento. Si no hay ninguna conexión ahora, escribe la palabra y los pensamientos para volver a ellos después. Lo más probable es que tu atención periférica te haya dado alguna información valiosa.

Con el uso de la precognición, el proceso es el mismo: eliges tu objetivo, tu "palabra" que tal vez anotas, y luego te permites distraerte de los otros pensamientos o experiencias. En un determinado momento, te verás atraído hacia una conciencia particular y esa conciencia te llevará a otra y a otra y tu "lectura" comenzará.

La diferencia entre la visualización creativa, la tormenta de ideas y las destrezas intuitivas, como la precognición, radica en que, en el caso de la precognición, permites que tu conciencia —lo que ves, sientes, recuerdas, gustas, hueles y sabes— te vaya guiando. No intentas buscar ni crear esta información; simplemente la sigues. Es posible que las primeras sensaciones no tengan lógica. Tal vez te preguntes si tu hijo podrá ingresar a una determinada universidad. Las primeras cosas de las que puedas estar consciente pueden ser las cortinas de la habitación, o el borde rojo de la mesa, o una pieza teatral que montaste durante tu niñez, o una sensación de nostalgia; y luego, las piezas comenzarán a unirse y te darás cuenta de que la cortina se parece a una pintura en un salón que viste en un folleto de esa universidad. Es posible que sientas tristeza porque tu hijo está lejos, que rías al recordar lo mucho que te esforzaste por enviarlo a la universidad a la que quería ir, cómo lo viste cambiar de universidad durante su segundo año a una donde podía hacer esquí, y así sucesivamente. Recuerda que al hacer una lectura, puedes verificar su veracidad comparándola más adelante con ella misma. Entre *más* información obtengas, *más* datos tendrás para confirmar si tu intuición es correcta (o incorrecta).

Por ejemplo, en un programa de radio irlandés a principios de julio de 2008, me pidieron que diera a sus oyentes un pequeño "contacto" intuitivo. En ese momento, la voz más fuerte del mercado decía que los precios del petróleo seguirían subiendo. Generalmente no uso trucos de magia haciendo ese tipo de predicciones en el aire, pero el presentador era tan amable que no me pude negar. Entonces me limité a observar lo que tenía en mi campo de atención y dije que no compraría acciones de petróleo por un tiempo. Justo a la semana siguiente, el petróleo comenzó a descender de forma continua hasta llegar a casi una tercera parte de su precio (al momento de imprimir este libro). No busqué lo que estaba ocurriendo en el mercado. Permití que me llegara algo y, por esa forma maravillosa en la que se manifiesta la intuición, ésta se relacionó con algo en el mercado con lo que cualquiera podría relacionarse y hacerle un seguimiento.

Siete reglas de oro sobre el uso de la precognición

A veces cuando queremos obtener detalles específicos del futuro, sobre todo en los negocios, es frecuente que tengamos que presentar argumentos racionales basados en datos para justificar nuestras acciones. El resto de este capítulo te presentará algunos métodos simples para predecir el futuro e incluir detalles suficientes para que tu intuición se base en la lógica y resulte lógica para quienes te rodean.

1. *La primera regla de la precognición es que hay que trabajar en empoderarse para sentir que podemos crear el cambio.* Si no lo hacemos, terminaremos aterrorizados o simplemente haraganeando, evitando la vida, esperando que nos sucedan cosas buenas. Ninguna de estas dos situaciones te ayudará a adoptar una actitud fuerte y proactiva hacia tu futuro. A veces, el cambio sólo depende de un punto de vista. Tendrás que *ubicarte* en un lugar distinto del escenario en lugar de intentar cambiar el escenario en sí.

Es cierto que hay algunas cosas en el futuro que no podrás cambiar. En mi libro anterior *Practical Intuition for Success* (La intuición práctica para el éxito) me referí a tu esfera de influencia y a lo que está por fuera de ella. Mucho más de lo que crees se encuentra realmente dentro de tu esfera de influencia (ver el capítulo sobre crear nuevos resultados), pero es posible que tengas que esforzarte por cambiar tu posición en el evento a fin de que tu influencia surta efecto. Puedes tener, por ejemplo, la experiencia de que tu cónyuge va a tener o tiene una relación extramatrimonial. Si te permites informarte más sobre el evento, te sorprenderá su profunda depresión y su sentido de desesperanza. Al buscar datos existentes, como intentar hablar con su primo acerca de la familia, tal vez descubras que hay una historia familiar depresiva que se remonta a varias generaciones y que, en esa época, aún no podían saber qué era una depresión (recuerda, siempre que sea posible, procurar obtener datos de apoyo no intuitivos). Tal vez puedas cambiar el evento mediante la táctica de guiar a tu cónyuge hacia prácticas, médicos o comportamientos que le ayuden a superar su depresión y evitar así el devastador autotratamiento —es decir, la relación hacia la que se estaba dirigiendo. Esto puede ser una actitud controladora pero prefiero llamarla una actitud de "alerta". Si vives en un estado de alerta, se producirán pocas crisis. Tomemos este mismo escenario y supongamos que tu cónyuge se niega a adoptar cualquier tipo de tratamiento. Esto te da mucho tiempo para fortalecer tu vida de forma que te permita irte, resolver con calma el evento cuando se presente, hablar con él/ella de tu conocimiento de lo que ocurre o adoptar cualquiera de muchas otras alternativas que te llevarán a una situación de seguridad y gozo. A veces este estado de alerta de una de las partes de un futuro evento es todo lo que se necesita para evitar definitivamente que el evento se produzca (ver el capítulo 4).

2. *La segunda regla de la precognición es saber cuáles son tus interrogantes.* Debes saber qué es el "qué". Cuando conoces al menos algunos de tus interrogantes o tus puntos de interés, sabrás dónde archivar la información cuando te llegue. La precognición no es algo que ocurra a solicitud. ¿No has intentado alguna vez recordar un nombre y lo has intentado con el mayor esfuerzo, sin tener éxito? Horas más tarde, bajo la ducha, cuando piensas en

qué champú vas a usar, te viene el nombre repentinamente a la memoria. Así pasa con la intuición. A medida que practicas, el tiempo entre el momento en que tienes conciencia del problema y la respuesta del mismo, va a ser cada vez más corto hasta llegar a ser casi imperceptible, aunque el proceso sigue siendo el mismo. Una vez que tienes la duda, la intuición requiere tiempo sin que te centres en ella, para poder dar vueltas, recopilar datos y llegar a conclusiones. Te sugiero que escribas tus interrogantes, tanto los de largo como los de corto plazo, en especial hazlo con los que te vienen durante el día. Cuando hago una lectura, simplemente escribo una palabra o hago una anotación rápida que para mí represente un interrogante. Para cuando termino la lectura, tengo una colección de garabatos ininteligibles que son, de hecho, las semillas milagrosas de las respuestas.

3. La tercera regla es darle un descanso a tu enfoque. Tu atención intuitiva requiere tiempo para desplazarse e ir reuniendo información de varios puntos en el tiempo y desde varios puntos de vista. Este es un proceso que no puede seguir desde un plano cognoscitivo sin confundirte, aunque te llegarán pequeños trozos y partículas del proceso que dejarán flotando a tu estado consciente. Cuando conoces tu interrogante, debes dirigir tu atención a otra cosa. Con frecuencia, durante una lectura, cuando tengo que obtener una respuesta rápida, tomo un sorbo de té, dibujo algún tipo de garabato, revuelvo la salsa que tengo en la cocina o intento hablarle a otra cosa. El resultado final: ¡distráete, distráete, distráete!

4. La cuarta regla es no casarte con tu respuesta. A medida que vas profundizando tu conocimiento de la información que recibes, es posible que tu conclusión inicial comience a cambiar.

Si no permites este tipo de fluidez, correrás el riesgo de caer en una inexactitud. A veces he llegado inclusive a decirle a un cliente que regrese cuando me llega una pieza de información que de alguna forma altera la conclusión original que había desarrollado con él o ella.

La información que entra en conflicto con la obtenida en el primer contacto puede llegar inclusive días después. De ser necesario, mantente abierta a la integración de nuevos datos y a un cambio de dirección. La plasticidad de la intuición es lo que la hace tan precisa y tus datos la van construyendo constantemente desde la base. Los datos intuitivos, generados conscientemente, rara vez se van a presentar como "una emergencia en la que hay que actuar ya". Recuerda que tu intuición está generada a predecir de una forma en la que la advertencia de último momento se convierte en algo extraño a medida que integras la precognición en tu proceso de toma de decisiones.

Otro error frecuente con la precognición es que puedes elegir el objetivo equivocado o plantear la pregunta incorrecta, lo que será evidente con el tiempo a medida que recoges la información intuitiva. "¿Me está engañando?" puede convertirse en "¿Quiero terminar con esta relación?". Tal vez te esté engañando, pero antes de centrar toda tu atención en la respuesta, puede que haya sido llevada en otra dirección hacia el hecho de que esta relación ya no es la que tú quieres y tu precognición debe mostrarte oportunidades potenciales de encontrar aquello que te alentará a adoptar una actitud en este momento propicio (que, en último término, significa que él probablemente *te esté* engañando, o le gustaría hacerlo). Con el aspecto financiero y las cuestiones de carácter mundial, tal vez te preguntes qué puede hacer el mercado o si *x* nación entrará en guerra con la nación *y* toda tu energía se distraerá allí, mientras que el verdadero interrogante puede ser: "¿Qué necesito hacer ahora para mejorar las condiciones actuales?".

5. *La quinta regla es estar siempre alerta (e informar al sujeto si estás haciendo alguna lectura para alguien más) a lo que "sabes" por información externa, diferenciándola de lo que intuyes.* Esto será útil tanto para ti como para tu cliente, te permitirá saber qué otra cosa, además de la intuición, puede estar influyendo en tus datos intuitivos. Por ejemplo, siempre dejo que mis clientes sepan cuando recuerdo algo, en lugar de obtener la información de la intuición. He podido constatar que mi intuición suele ser correcta, especialmente si me ciño a las primeras cuatro reglas, pero lo que recuerdo y sé a veces me puede hacer forzar mi intuición para adaptarla a los "hechos". Así se comenten muchos errores, por lo que, a medida que practicas la intuición, es mejor prestar atención a lo que "sabes".

6. *La sexta regla de la precognición es dejar que tu conciencia te guíe aunque parezca ilógica o no sepas a dónde te lleva.* Síguela, síguela, síguela. Muchos estamos bien capacitados en la visualización creativa y las tormentas de ideas. Está bien, la intuición no es nada de eso. No estamos creando nada ni tampoco estamos abasteciendo al subconsciente con ideas ya almacenadas. Lo que seguimos es un patrón de energía que sabe dónde terminará mucho antes de que nosotros lo sepamos. Estás siendo guiado, no estás guiando. Si intentas razonar y editar a medida que haces este trabajo, estarás actuando en forma contraintuitiva. Si todo lo que percibes te parece lógico, entonces lo que estás practicando es algo diferente a la precognición.

Es frecuente que tu primera sensación intuitiva de un interrogante no sea lo que estás buscando. Es aquí donde la imaginación y la creatividad forcejean para adueñarse del proceso. Sin embargo, si esperas esta reacción, te permitirás continuar el viaje de tu intuición, recogiendo datos para crear un resultado benéfico para ti, aun cuando todos los datos no lo sean.

A este respecto, mi ejemplo favorito de una relación es el de una mujer cuyo interrogante tenía que ver si podría encontrar el amor verdadero en su vida. Su intuición (y la de otras personas en el grupo) la llevó a descubrir que su pareja actual, con la que no estaba muy contenta en ese momento, tenía otra relación. No creyó en la información hasta que, durante el fin de semana, esa información la llevó a descubrir la evidencia. Para hacer la historia corta, esa relación fue el catalizador para que las dos partes trabajaran en entenderse mejor y, ahora, casi una década después, están felices y muy enamorados.

No era ésa la información que ella había estado buscando. Esperaba encontrar, en cambio, algunos datos en su cronograma que le permitieran buscar un nuevo amor. Nuestro criterio, nuestros miedos y nuestras esperanzas nos pueden llevar a ignorar información tan vital como ésta, pero con el tiempo, irás corrigiendo esta tendencia. También es muy útil hacer trabajo de precognición en grupo, ya que otros no tendrán el mismo cuidado de ignorar aquello que tu no aceptas. Capacita a tus colegas, a tus amigos y a tu familia, o inicia un grupo de personas a quienes les agrade intercambiar lecturas con regularidad.

Por último, aunque no menos importante, es necesario que sepas cuándo te equivocas. Si te equivocas, no te culpes, en cambio, evalúa dónde cometiste el error. Si encuentras que cometes errores, es probable que te preguntes: "¿De dónde estoy obteniendo esta información?", "¿Cómo sé que es información intuitiva y que no estoy sólo recordando lo que ya sé?". Cuando hagas una lectura, gran parte de lo que obtienes son pensamientos e ideas acerca de cosas diferentes a tu objetivo. Tal vez pueda haber también algo de telepatía acerca de lo que los demás puedan estar pensando de esta situación. Por eso es importante seguir paso a paso todas las etapas y prestar atención, ante todo, a esos destellos de conocimiento que vienen de la banda lateral izquierda del campo. Haz el seguimiento de dónde centras tu atención e infórmalo, y en un determinado momento, te verás fuertemente obligada a encontrar revelaciones repentinas acerca del verdadero tema de interés en cuestión.

7. *La séptima regla es que cuando pierdes tu perspectiva, pierdes tu exactitud.* Si te encuentras en pánico, furioso, desesperado o te empeñas en ocultarte la verdad acerca de un problema específico, no podrás mantener la distancia o la perspectiva suficiente entre tú y tu objetivo para tener una intuición clara. Durante una reciente crisis económica, puse mi dinero para invertir en alguna parte donde no tuviera que pensar al respecto, aunque esto significara perder posibles ganancias. ¿Por qué lo hice? Si tenía una inversión personal en la dirección en la que se estaba yendo el mercado, no podría predecir a mis clientes, de forma imparcial, el comportamiento del mismo. Mi actitud más racional fue permanecer fuera de escena y mantenerme neutral, y para lograrlo tenía que olvidarme de mis inversiones personales.

Cuando no funciona el amor en mi vida, tengo que encontrar un canal, una autopista por donde poder avanzar dentro de mí misma, donde pueda desprenderme de mi experiencia personal.

Esto puede significar hablar las cosas con una amiga o con una terapeuta, escribirme cartas para desahogarme, hacer algo tan agradable que los juicios negativos se controlan o modifican. Sin embargo, lo que necesitas tú y lo que yo necesito en esas situaciones son cosas distintas. Todo varía según cómo respondas a las desilusiones y a las crisis y según lo que te tranquilice y te dé paz. Encontrar un canal interno despejado para tu información no es algo que deba tomarte años o ni siquiera horas. Puedes desarrollar un repertorio de soluciones rápidas que te permitan cambiar tu estado de ánimo de manera que puedas proceder con la tarea que tienes entre manos que consiste en recibir información intuitiva correcta.

Perspectiva, perseverancia y porosidad (me encanta la aliteración) son esenciales si quieres ser preciso, como intuitivo precognitivo. La *perspectiva* es el estado de conocimiento donde te mantienes personalmente dentro de una interrogación o un problema. Es esencial saber cómo respondes "bajo fuego"; necesitas una práctica en la que puedas encontrar claridad dentro de ti cuando estés en modalidad de respuesta a una crisis. Para ser una excelente intuitiva, tienes que ser un ser humano consciente, lo que, como es lógico, exige un proceso.

Cuando hagas precognición o cualquier otro tipo de lectura intuitiva, tienes que *perseverar*, lo que significa que debes estar dispuesta a esforzarte por lograr la claridad. La información que tu intuición te suministra y tu subconsciente permite, te llegará en pequeños trozos y piezas de datos que tienes que ir entretejiendo entre sí para llegar a entender y luego debes confirmarlo todo comparándolo con lo que te indican tu lógica y tu conocimiento.

Por último, tienes que ser lo suficientemente *permeable* para que la información fluya hacia ti mientras mantienes tu sentido de ser. Cuando estás haciendo trabajo intuitivo y estás abriendo tus barreras de percepción, es natural que te invadan los más profundos sentimientos, las más íntimas sensaciones y opiniones, así como los más intensos movimientos de acción y energía a tu alrededor. Son tu sensibilidad y tu permeabilidad los que permiten que percibas la información que requieres. Como ocurre con casi todo, este regalo es de doble filo. Tienes que esforzarte por mantenerte estable y sano emocionalmente para no leer lo que *esperas,* sino lo que realmente *es* —tu objetivo, visto con precisión, no con compasión. Este es, esencialmente, el arte de ver la realidad tal como es y no como quisiéramos que fuera. A medida que te vas abriendo más a la información, es posible que te sientas bombardeado por un cúmulo de datos, sentimientos, precogniciones y otras impresiones que vas recibiendo. Es algo que realmente puede desequilibrarte. Quienes tienen sólidas barreras y una voluntad enfocada se sienten más seguros que aquellos que están habitualmente dispersos. Saber cómo reaccionar ante los disgustos te ayudará a enfocarte en encontrar tu propio centro durante esos momentos de manera que tengas la solidez necesaria para interpretar con exactitud tu información intuitiva.

Cómo utilizar la precognición en la vida diaria

Es frecuente que, en la vida diaria, lo único que quieras saber, en general, es qué puedes esperar para ti. Para iniciar el proceso de la precognición diaria, sólo tienes que seguir el sentimiento que más se destaque en ti en ese momento del día. Toma nota de cuando tu atención se desvía y fíjate hacia dónde se dirige.

Por ejemplo, te despiertas con una sensación de felicidad sin ninguna razón en especial. Sigues esa vaga felicidad y luego tienes una sensación de que conocerás a alguien que será especial en tu vida. Haces una nota mental para recordar que debes vestirte con algo apropiado.

O tal vez es posible que todos los detalles de un negocio se vean muy bien, y sin embargo, cada vez que piensas en eso algo te disgusta. En vez de evitar el problema de lo que puede estar mal con el negocio, comienzas a preguntarte qué otras cosas deberías investigar antes de cerrarlo. Tal vez tengas la sensación de que alguien no está siendo honesto contigo. Cuando tengas una convicción intuitiva, sin pensar en los grandes negocios, tu atención se dirige a otras áreas de contención en las que podrás confirmar con hechos todo el proceso. Es útil revisar el negocio en cada detalle, con los ojos abiertos y mirando hacia adelante.

En tu práctica diaria, puedes también permitir que tu atención, y todos tus sentidos, divaguen por tu vida, adelantándose en el tiempo. ¿Cómo hacerlo? Empieza con lo básico: practicar, documentar y confirmar. Pero, ¿cómo indicar a tus sentidos que se dirijan hacia adelante? Bien, interrógate, presta atención a la pregunta de qué es lo que viene hacia ti y ten presente a dónde se dirige tu atención.

Como sucede siempre con la intuición, permite que tus sentidos te guíen aun si encuentras que vas saltando de un lado a otro hacia ideas deshilvanadas o que no entiendes la información que recibes. Tu intuición seguirá su propia cola hasta la cabeza, y si tú la sigues, verás que terminarás con un círculo completo de información que no sólo es verídica sino que también permite mucha acción.

Cómo capacitar a otros en la precognición

Un ejercicio divertido para los alumnos formales de intuición o inclusive durante las fiestas es el que a mí me gusta llamar "la lectura de hacer contacto y echar a correr". Para esto, necesitarás un paquete de tarjetas de indexación idénticas y un cronómetro. Alguien tendrá que volver a graduar siempre el cronómetro para que cada persona tenga exactamente un minuto para hacer la "lectura". Se indica a cada persona que debe pensar en un interrogante importante que tenga sobre su futuro y una vez que lo tenga, este interrogante se escribe en una de las tarjetas de indexación. La pregunta debe ser tan específica o tan general como el participante lo desee. Como regla general, entre más específica sea la pregunta, más específica será la respuesta que generará en forma intuitiva.

El objetivo para cada persona del grupo es lograr muchas lecturas de su interrogante. Sugiero que esto se haga como un ejercicio de movimiento para que haya menos oportunidad de entrar en el estado empático, donde se pueden interpretar pistas provenientes de la forma como se sienta quien se encuentra delante de ti, en contraposición a la recolección de datos intuitivos, como normalmente se llevarían a cabo estas rondas durante una fiesta.

Conviene tener un timbre o un gong para indicar a todos que deben cambiar de posición (los lectores se convierten en clientes) y cuándo cambiar de pareja. No deben abrirse las tarjetas; la intuición llevará tu atención a la información correcta sobre el objetivo. La idea es que en el tiempo permitido, el mayor número de personas en la habitación pueda intercambiar lecturas.

Se pide a cada persona que comience a caminar alrededor del salón, con la tarjeta en la mano, hasta que suene la campana. Cuando la campana suene, todos deben intercambiar su tarjeta con un compañero o compañera. La persona que tenga la camisa más colorida (o la persona más alta, o la persona con más joyas, etc.) debería ser la "lectora" en primer lugar. Cuando suene de nuevo la campana, la lectora simplemente informaría qué atrajo su atención y hacia dónde se dirigió —en forma de conversación, con la mayor claridad posible (como si estuviera trazando un mapa para el cliente) y sin detenerte (para que la mente no tenga tiempo de imaginar, crear ni razonar). La lectora debe permitir que la atención vaya hacia la respuesta de las preguntas del otro. Esta respuesta puede estar en muchas partes y puede revelarse por trozos y partes. Indica a las parejas que no se miren el uno al otro o la una a la otra porque si lo hicieran, la retroalimentación puede desorientar a la intuición. Debe indicárseles a las lectoras que no se preocupen acerca del enfoque o de lo que podría ser el interrogante. Deben evitar su deseo aprendido de razonar y deben permitir en cambio que sea su intuición quien las guíe.

Deben seguir el rumbo de su atención e informar lo que perciben, aunque para ellos no tenga lógica. Se les debe pedir que tengan valor de presentar informes detallados de las impresiones que reciben. Recuérdales que lo que no tiene lógica para ellos en este momento será, por lo general, los datos más importantes intuitivos y precognitivos. El propósito de este ejercicio no es tener razón, sino dar valiosa información accesible en forma de sólido respaldo a una persona que lo requiere.

Hay que recordarles, además, que no tienen que revelar al final del ejercicio cuál fue su pregunta ni tampoco deben preguntar por el interrogante de sus parejas. (Podría tratarse de algo personal). Hay que recordarles que si su objetivo ha de ser "correcto", su atención no podrá estar en el objetivo ni ser lo suficientemente móvil como para trasladarse a donde tiene que ir. Tienen que soltar "lo correcto" y permitir que su atención y sus sentidos lo perciban.

Conviene que todos tengan una pequeña libreta para anotar la información recibida de los lectores a fin de comparar después las diferentes lecturas (sobre el mismo objetivo). Esto lo sugiero porque la memoria nos engaña. Es mucho más efectivo anotarlo todo. Por otra parte, cuando se está haciendo una lectura, toda la información tendrá que ver con la otra persona, por lo que no hay necesidad de que la recuerdes; de hecho, lo único que harías sería atiborrar la información en tu mente.

Permite que la primera persona haga la lectura durante un minuto y luego toca el timbre y dile a la segunda persona que haga una lectura sobre la pareja que les acaba de leer (con base en una pregunta escrita en la tarjeta, que nadie ha visto). Cuando cada pareja haya hecho su lectura, diles a todos que tome cada cual su tarjeta y toque el timbre para encontrar otra pareja.

Deben organizarse turnos suficientes para que cada persona en la habitación lea al menos una vez. Entre más te canses, menos podrás razonar y juzgar tus intuiciones para desecharlas. Como regla general, tus primeras lecturas no fluirán tan fácil como cuando realmente empieces a tomar el ritmo del ejercicio. Considéralo un ejercicio cardiovascular: en realidad, solo se empiezan a quemar calorías cuando el corazón ha llegado a un cierto nivel de frecuencia —lo que toma tiempo, diligencia, ánimo y motivación.

El cronómetro de un minuto agrega ese nivel extra de entusiasmo al ejercicio. Cada persona intuitiva tiene apenas un minuto para hacer su lectura y todos cambian de rol o de pareja. Así se elevan los riesgos y esto obliga a que las personas se esfuercen más allá de sus limitaciones.

Recuerda que todos pueden estar equivocados y cada uno sabe, hasta cierto punto, aspectos de su propia información. Por lo tanto deja que esto te divierta y permítete descubrir una destreza útil, agradable e inclusive social.

Cómo mejorar tu capacidad con un proceso diario

Los siguientes son seis interrogantes que te pueden plantear sobre la base diaria o semanal:

- ¿Qué preguntas debo responder ahora?

- ¿Qué importancia tienen estas preguntas para mí?

- ¿Cuáles creo que puedan ser las respuestas a estas preguntas?

- ¿Qué espero que sean las respuestas a estas preguntas?

- ¿Qué temo que sean las respuestas a estas preguntas?

• ¿Qué creo que puedo hacer ahora para crear los resultados que deseo?

Ahora, durante los próximos días, toma en cuenta los fragmentos y piezas de información que van surgiendo, no sólo de forma intuitiva sino en el mundo, en las noticias, en conversaciones con otros, sobre todo, las ideas y pensamientos que vienen desde la banda lateral izquierda del campo y anótalos frente a tus interrogantes tal como percibes que podrían aplicarse.

Vuelve a escribir tu primer interrogante debajo. A medida que escuchas las especulaciones de la gente sobre los eventos futuros, a lo largo del día, ten en cuenta esos destellos de intuición que te indican lo que ocurrirá. De nuevo, es muy útil anotarlo todo. A medida que pasa el tiempo, verifica tus aciertos intuitivos confrontándolos con la realidad. Podrás ver que entre más te involucres en este proceso, podrás predecir los eventos con mayor exactitud.

Elige algunas cosas para predecir tomadas de las conversaciones de otras personas durante el día que no sean importantes o que no tengan carga para ti. Verás que entre más desprendida estés (o entre más indiferente te puedas mantener cuando tienes algún vínculo con el resultado), más exacta será tu predicción del futuro sin interferencias provenientes de tus sentimientos, tu historia o tu criterio.

Tal vez te preocupes por el futuro cuando estés a punto de quedarte dormido o que tengas fantasías acerca de los resultados deseables. Si eres como la mayoría, tendrás una combinación de estos dos factores. Aun si te distraes e intentas no pensar en el interrogante o el problema, tienes un enfoque subconsciente en el asunto. No existe en realidad una forma efectiva de engañarte.

La precognición mientras duermes

Cuando te preparas para irte a la cama y liberas tu atención hacia los pensamientos conscientes, los eventos del día, tus reacciones, tus sentimientos y tus juicios, estás dispuesto a permitir el acopio de intuición verdadera, pura, exacta que irá ensamblándose como guía, todo lo cual sucede mientras duermes. Me abstengo a propósito de dar a tu estado de razonamiento durante el sueño el nombre de "estado de ensoñación", puesto que no es lo mismo. Muchas de tus percepciones pueden darse realmente cuando estás en el estado de ondas cerebrales más bajas y no en la etapa REM (movimientos oculares rápidos, por sus siglas en inglés) del sueño. La tarea de cada noche de tu estado de sueño es hacer reparación y asimilación psicológica, basada en el trabajo intuitivo que has hecho con anterioridad. En este estado creas nuevos patrones, intenciones y deseos basados en la posesión de toda la información.

Las respuestas pueden tener muchas partes y la realidad tiene muchas perspectivas. Ensamblar toda esta información para obtener la guía que requieres es algo confuso cuando piensas y reaccionas durante tus horas de vigilia, sin embargo, la noche está hecha justamente para este tipo de misterios y acertijos. A medida que se liberan tus percepciones y tu cuerpo se abre, se sana y se funde en una facilidad física de sueño, vas encontrando las piezas de datos que requieres para crear decisiones sólidas y exitosas, y cada pieza del rompecabezas va encontrando, sin esfuerzo alguno, su lugar natural en una representación exacta del futuro. Lo que tienes que hacer es responder a esto de forma exitosa.

En tu estado de sueño, tu subconsciente, tu intelecto, tu juicio y tus sentimientos siguen funcionando, aunque de una manera más indiferente. En este estado, reina la intuición equitativa y ésta puede crear el mejor resultado global para ti. Pocas veces se obtienen respuestas libres de conflicto, pero incluso los datos conflictivos que recibes pueden ser negociados con éxito por tu conciencia durante el sueño.

Cuando te encuentras alerta, la intuición se produce en la periferia, en las bandas laterales de tu conciencia. Durante el sueño, la intuición *es* tu plena conciencia. Ya conoces tus interrogantes, tus preocupaciones y el futuro que esperas construir. Tu intuición ya se ocupa de aclarar las actitudes que puedes adoptar y los cambios que puedes hacer para crear estas realidades en tu vida. Ahora puedes contribuir a este proceso eligiendo un solo enunciado que centre tu intuición en una única tarea para la noche. Tal vez quieras dejar a un lado este libro por un momento y permitir que ese enunciado único te llegue. No tendrás que esforzarte mucho. Ya lo sabes. Simplemente tienes que permitir que te llegue la conciencia de este conocimiento.

Una vez que tengas tu tarea o tu interrogante nocturno, sugiero que lo anotes, mantén cerca de tu cama una libreta o algo para poder grabar tu voz. En la mañana, al despertarte, querrás grabar las percepciones, sentimientos, ideas, preocupaciones y soluciones que frotan en tu conciencia tan pronto como despiertas. Mucho de esto parecerá no tener relación directa con tu interrogante. Anótalo de todas formas. Amplíalo a lo largo del día con "conocimiento repentino", donde tu atención se ve atraída continuamente mientras desarrollas tus actividades diarias. ¿Qué es aquello que parece que se desliza una y otra vez a la periferia de tu conciencia? Con la precognición, una vez que conoces tus metas y manejas tus reacciones a las crisis, la intuición se hará cargo y te llevará una y otra vez a la información que necesitas para tomar una decisión correcta orientada al futuro.

CAPÍTULO 8

Sanación

La medicina sólo puede curar enfermedades curables, y no siempre se puede.

—ANTIGUO PROVERBIO CHINO

NOTAS

Ejercicio de acierto rápido para sanación

1. Decide a quién o qué quieres sanar y el tiempo que le dedicarás a un enfoque de sanación. Verás que el estado de sanación es algo tan sanador también para ti que el tiempo pasará y comenzarás a fundirte con tu objetivo (y, por consiguiente, ya no tendrá efecto en él), por lo tanto es esencial mantener tus sesiones de sanación dentro de un marco de referencia cronometrado. También ayuda organizar internamente la forma como manejarás tu energía y tu atención durante cada parte de la sanación.

2. Respira profundo y haz acopio de la energía. Puedes hacerlo con el ojo de tu mente o, literalmente, sostenerla entre tus manos.

3. Permite que tu atención se dirija hacia donde quieres o hacia lo que quieres a fin de sanarte, de sanar tu vida o de sanar a otro.

4. Permite que la intuición te dé una representación de lo que hay allí. Usa tu atención y tu aliento para crear un cambio. Permite que tu intuición perciba este cambio a medida que se produce. Esto constará de una rápida secuencia cambiante de observaciones, algunas de las cuales serán sorprendentes y parecerán no tener relación entre sí.

5. Sabrás instintiva e intuitivamente cómo enfocarte y qué hacer. Déjate llevar simplemente por tu conciencia.

6. Cuando se termine tu tiempo, incorpora tu ser sanado y reoriéntate desde tu cuerpo en el aquí y ahora.

Lo que experimentaste en el acierto rápido

Elegiste un objetivo y luego organizaste tu propia energía de la mejor manera posible para sanar tu objetivo (lo que, a su vez, te lleva también a la sanación). Ya sea que sientas o no la energía, mi intención fue que comenzaras a desarrollar el hábito de centrar tu energía y tu atención y ser el líder en cualquier dinámica energética. La energía por sí misma puede ayudarte a transformar y a sanar. Sin embargo, muchos de ustedes pudieron también experimentar información interna y externa acerca de su objetivo, en relación con su entorno. La experiencia siempre es cambiante, al igual que la energía, pero se nos capacita en la escuela para aprender a mantener nuestra atención centrada e inmóvil. La práctica de permitir que tu atención se desplace a donde requieres información y que además experimentes el uso del enfoque para crear una transformación continua, es exactamente lo que conforma la sanación.

Cuando regresaste a tu incorporación personal, ¿notaste una sensación distinta en ti mismo? Aunque no hayas sido tu propio objetivo, el envío de energía (la sanación) y la lectura de la energía (la intuición) son destrezas energéticas importantes. Aunque no estés haciendo trabajo intuitivo, tu capacidad de leer señales en tu cuerpo y tu entorno y de estar simultáneamente ocupado y activo, es un estado de ánimo sanador.

Anota el objetivo que elegiste, si no lo has hecho aún, y observa cualesquiera cambios en tu objetivo y en sus fortunas ahora y en los próximos días y en las próximas semanas según los puedas haber catalizado o predicho.

¿Qué es la sanación?

En pocas palabras, la sanación consiste en dirigir la energía para cambiar algo en un estado de ánimo deseado. Si has hecho un huevo frito o un cubo de hielo, si has intervenido en una discusión o has hecho uso de una buena idea para darle un vuelco a tu empresa, si has adoptado una acción que ha hecho que tu portafolio de acciones se fortalezca o si simplemente has preparado la cena que le fascina a tu familia, habrás cambiado la energía y habrás realizado una sanación.

¿Qué es la energía? Todo está compuesto de energía: tu asiento, tu cuerpo, tu entorno y tu vida —todo está hecho de energía que, a su vez, tiene patrones que pueden cambiarse mediante la intervención. De eso se trata realmente la sanación y conviene pensar en la sanación como un proceso que consta de dos componentes clave: *energía* y *atención*, que unidas constituyen *acción*. Estarás usando la energía y la atención solo para cambiar la energía o cambiar una situación, aunque, a medida que lo haces, estoy segura de que tanto el intelecto como la intuición te suministrarán información y enfoque para adoptar otras acciones que tal vez también puedan ser necesarias.

SON INCONTABLES LAS FORMAS EN LAS QUE PUEDES UTILIZAR LA SANACIÓN:

• Para sanarte o sanar a otros, o incluso para determinadas cosas o situaciones

• Para adelgazar

• Para cambiar una vida, un negocio, para prosperidad, para tu pareja sentimental a fin de que algo nuevo pueda ocurrir

• Para resolver conflicto en las relaciones

• Para crear resultados positivos a partir del caos

• Para rejuvenecer el cuerpo

• Para mejorar tu humor o el humor de otra persona

• Para volver a encender el motor de un automóvil que no da arranque

• Para influir en la dirección y el resultado de cualquier patrón de energía, evento o relación

• Para que cualquier otro sistema alcance un estado de ser más funcional y exitoso

• Para integrar los elementos discordantes de un cuerpo, una vida, una relación o una empresa

• Para dar una mejor fiesta

• Para fortalecer una empresa

• Para crear y mantener relaciones sanas

• Para reclamar partes perdidas de ti mismo

• Para ofrecer atención, ayuda, y tranquilidad a distancia

...y para muchas otras funciones que irás descubriendo por ti mismo.

Volvamos atrás un momento. Todo, ya sea una compañía, una familia, el patrón de tu vida sentimental o tu realidad física, es energía. *Todo es energía.* Esto no es pseudociencia —es ciencia.

Se suele hablar de "buena energía" y "mala energía" y aquí estoy yo para decirte que no existe nada semejante. Después de todo, ¿puedes calificar realmente la energía que enciende una bombilla eléctrica? ¿Es buena o mala energía? La energía es sólo energía, hasta que adquiera un patrón o esté dirigida a adoptar una forma o a realizar una acción. Lo que determina la diferencia es lo que hagas con la energía.

Me opongo a la idea de que una enfermedad física, como la formación de un quiste o el aumento de peso, sea mala energía que deba destruirse. Lo que sí sostengo es que todas las enfermedades son sólo energía que necesita reorientarse. La posición de sanación más óptima que puedes adoptar es amar, escuchar y utilizar las distintas partes de tu ser para tu propio bienestar. Tal vez tu exceso de peso necesite transformarse en energía para encontrar tu verdadero amor o para escribir la novela perfecta. Tal vez un quiste deba transformarse en tu capacidad de establecer límites para aquellos en tu vida que te aportan demasiado veneno. Tal vez tu cálculo renal deba transformarse en tu capacidad de pedir y recibir el apoyo de tu familia que te permita obtener el suficiente reposo. Tu dolor de espalda puede ser tu necesidad de ser consciente de que tus padres representan una carga para ti; a fin de no sentirte culpable por ese sentimiento relacionado con ellos o para no recrear la misma situación en tu vida, te aferras al dolor, seguro y firme, de tu espalda.

Por lo general se confunde en estado de sanación intuitivo con la visualización creativa o positiva, de la que ya hemos hablado. Son cosas muy distintas. Cuando te encuentras en un estado intuitivo no estás siendo creativa ni buscando ni insistiendo en detalles. En cambio permites que los detalles te lleguen y a medida que lo hacen los integras en lo que sea que estés haciendo. Es frecuente que tu intuición pueda darte una sanación más completa de la que puedes incluso visualizar dado que tal vez nunca hayas experimentado este estado de bienestar, amor, éxito, salud o felicidad. Puede no ser algo que puedas imaginar.

¿Cómo funciona la sanación?

Ojalá tuviera una respuesta definitiva que darte, pero en cambio aquí hay un concepto que me gustaría que consideraras. No lo tienes que creer, simplemente considerarlo, juega con él y ensáyalo. Piensa en el mundo, en el mundo entero, en tu vida, tu pasado, tu presente y tu futuro, tu familia, tus amigos, tu amor, tu trabajo, todo lo que hay en el mundo como si fuera parte de un organismo gigantesco. También tu cuerpo es parte de este organismo. Tu cuerpo crea tu mundo y el mundo en que vives crea tu cuerpo. La sanación incluye experiencias y habilidades que se desarrollan dentro del mundo y están compuestas de múltiples capas; definiendo la sanación y sus oportunidades para ti y el efecto que tiene en *ti*. Cuando cambias tu cuerpo, cambias tu mundo. Cuando cambias tu mundo, cambias tu cuerpo. Ahora, haz todo lo que conscientemente puedas para experimentar tu cuerpo como energía.

En cualquier momento dado cada uno de nosotros vive en un mundo diferente. Como adultos, elegimos gran parte del mundo en el que vivimos, entre más conscientes estemos de esto, más cierto será. Elegimos la forma como experimentamos el mundo y, debido a que la vida es un círculo, es nuestra experiencia la que elige el mundo que diseñemos, creado por la experiencia que tenemos de él y el efecto que tenga en nosotros. Entre más conscientes seamos de la forma como lo hacemos, viviremos con mayor eficiencia en el mundo que deseamos y podremos utilizar más eficazmente esta energía para cambiar nuestros cuerpos, lo que, a su vez, tiene un poderoso efecto en el mundo que habitamos.

¿Todavía experimentas tu cuerpo como energía? Utiliza todos tus sentidos para experimentar tu cuerpo como átomos de energía. Visualiza los átomos, moviéndose y cambiando, siéntelos mientras recopilan nueva información y la integran al movimiento, huele la renovación del impulso y de los sueños, saborea la frescura del cambio potencial, escucha la alteración dinámica de su previo conjunto de patrones y contenidos y *sé consciente* de que tienes el poder de crear cualquier cambio. Es tu vida, es tu cuerpo, son tus pensamientos y es tu historia, pero también es sólo energía —simple energía dinámica. Mientras lees, sigue experimentándote como un conjunto de átomos de energía.

Hay una historia que nunca olvidaré. Hace mucho tiempo, había una niña de seis años que había contraído hepatitis cuando le fueron perforadas sus orejas en un pequeño centro comercial con un equipo no esterilizado que había sido utilizado en otra persona. Estaba muriendo de falla hepática en un hospital de Nueva York. Necesitaba un nuevo hígado, pero encontrar un hígado pequeño a corto plazo no es fácil. Su familia era muy católica y el sacerdote local quien había estado rezando con ellos en la habitación del hospital, me llamó para hacer una sanación. Fui a la habitación del hospital con pequeñas figuras autoadhesivas y regalitos y cuando logré ganarme la confianza de la niña, le impuse las manos que, dicho sea de paso, es algo que cualquiera puede hacer (hablaremos más de esto en un momento). Después de la sanación, durante la que simplemente le dije a la niña que esa era mi forma de orar para que se sintiera mejor (es importante utilizar un idioma que tu propio ser, tu propio cuerpo o el sujeto al que te diriges puedan aceptar), me despedí y salí de la habitación.

Su médico me tomó del brazo y prácticamente me arrastró a la sala de médicos, donde cerró la puerta y comenzó a reclamarme por darle esperanzas falsas a la familia. "Esta creatura va a morir", me dijo, "y les está dando esperanzas falsas", como si la familia, sus padres y sus amigos no estuvieran ya esperando que sanara. A esa edad, detrás de una puerta cerrada con una figura autoritaria enfurecida, tenía tanto miedo de lo que me pudiera hacer que me quedé sin palabras.

Sin embargo, al día siguiente regresé a ver a la niña como se lo había prometido a su familia. Encontré la habitación vacía y temí que hubiera muerto. Le pregunté a la enfermera y ella me dijo que la niña había tenido una sanación milagrosa durante la noche y que su función hepática había vuelto a ser normal. Había sido trasferida a otro piso. Me dirigía a su habitación cuando vi al doctor que me había hecho el reclamo la víspera. Se me acercó y dijo entre dientes, "¿Cómo puedo saber que fue usted la que causó este cambio?", normalmente, nunca tengo la respuesta adecuada, pero esta vez respondí: "¿Qué le preocupa? ¿No está ya bien la paciente?".

En cuanto a ti, no te preocupes por la forma como vas a hacer la sanación ni qué es lo que necesitas sanar; sólo céntrate en obtener toda la información intuitiva a fin de iniciar el proceso. Tu dolor es importante, ya sea psicológico, físico o circunstancial, tu bienestar es esencial. Suspende todas las ideas y los juicios tradicionales que tienes acerca de la sanación en una determinada forma y permite que la intuición te guíe hacia la ayuda que requieres para sanar. Conviértete en tu mejor médico, lo que empieza por ser tu mejor amigo.

Ya sea que estés sanando a una persona, a una empresa o a una situación, conoce tu objetivo

Puedes utilizar las mismas técnicas que utilizarías para sanar un cuerpo si lo que quieres es cambiar la dinámica de tu negocio, tu fortuna, tu vida sentimental o cualquier otra "cosa o persona" en tu vida. Utilizaremos el cuerpo humano como metáfora y como terreno de entrenamiento para todos los sistemas complejos en tu vida a los que puedes dirigir esta capacidad de sanación.

Para que un cuerpo sane, hay que tener en cuenta muchas cosas. Para empezar, hay que trabajar con los patrones, la historia, las creencias, las interacciones, las respuestas, los mensajes y el entorno que crearon la disfunción y que la siguen sosteniendo ahora. Cualquier sistema, desde el motor de un carro hasta una corporación multinacional o una persona, tiene una historia de trauma, un mecanismo subconsciente (u oculto por el que funciona). Todo es una especie de "cuerpo", un sistema dinámico que sobrevive con otro sistema dinámico. Es por eso que las técnicas que tienen que ver con la sanación física pueden dirigirse para a cualquier "cuerpo". También una empresa tiene una historia, su propio trauma, un subconsciente y todo lo demás que tiene una persona y así ocurre con cualquier otra situación o entidad imaginable.

Con frecuencia, cuando haces una sanación, en ti o en alguien más, tu atención se verá atraída hacia un incidente o una lesión del pasado que requiere sanación. Aunque puedes sanar la lesión en el presente, también la puedes sanar en el pasado. Cuando estás realizando una sanción en ti o en otra persona, necesitas acceder al punto de inicio más potente, aquel que tendrá el impacto más universal en la dinámica. Este punto es diferente en cada uno o en cada situación. Es aquí donde tienes que permitir que tus sentidos y tu intuición, todos tus sentidos en conjunto, te lleven hacia el primer paso correcto. Para perder peso, tu primer paso en el proceso de sanación puede no ser físico. Puede ser emocional o puede estar ubicado en un centro de dolor en tu cuerpo. Puede estar ubicado en la memoria o en el gusto o en un hábito arraigado en alguna otra cosa. Es posible que tal vez tengas que empezar por resolver situaciones de aislamiento o de uso de prendas de vestir, o de material de lectura. Lo que quiero dejar claro aquí es que con frecuencia las respuestas te sorprenderán. Como ya lo he dicho, cada situación es diferente y cada persona es diferente en lo que se refiere a cada situación. Una de las cosas más difíciles que hay que hacer cuando aprendemos a realizar una sanación eficaz es confiar en algunos extraños lugares antilógicos a los que se dirigen nuestras percepciones para catalizar el cambio. Piénsalo: por lo general, cuando tú u otra persona tienen un problema, recurres a todos los tratamientos, curas y explicaciones corrientes y casi siempre nada de esto funciona. Te invito a considerar un nuevo ámbito de soluciones.

De nuevo debes lanzarte a la piscina del lado profundo

Una sanación real es más unificada de lo que estos pasos individuales podrían sugerir:

1. Decide a quién o qué deseas sanar.

2. Incorpóralo y luego llena de energía tu cuerpo y tu incorporación.

3. Sostén tus manos separadas a un pie de distancia, con las palmas enfrentadas. Utiliza tus sentidos para "ubicar" tu objetivo entre tus manos.

4. Permite que la energía que estás absorbiendo al inhalar fluya entre tus manos y de ahí al objetivo.

5. Permite que la intuición te dé una representación de lo que se encuentra allí.

6. Utiliza tu atención y tu respiración para crear un cambio. Sabrás instintivamente cómo enfocarte y qué debes hacer. Sólo sigue tu conciencia. Tal vez experimentes la sensación de estar enviando colores, calor o frío, de hacer que los elementos de tu objetivo se aceleren o disminuyan su actividad y alternen entre distintas sensaciones de envío. Puedes mover las palmas de tus manos para mover la energía de tu objetivo.

7. Permítete percibir los cambios en tu objetivo a medida que ocurran. Serán una serie rápidamente cambiante de observaciones detalladas, algunas de las cuales parecerán no tener relación entre sí y serán sorprendentes, se desarrollarán en la periferia de tu atención.

8. Mantén centrada tu atención en dirigir tu energía y respira hacia el objetivo entre tus manos.

9. Cuando pierdas el enfoque, regresa a un estado de reposo incorporándote.

Realizar una sanación es simple, pero requiere práctica hacerlo bien. De nuevo, realmente te sugiero que documentes los objetivos de sanación y sus resultados. Esto ayudará a mantener alerta tu subconsciente a fin de que utilicen sus propios recursos de poder y su intuición para emplear la sanación de energía en todas tus acciones, aun dentro del campo de tu misma vida.

Ahora, muy rápidamente, frota tus manos una con la otra mientras respiras profundo. Utiliza tu inhalación para realmente inflar tu cuerpo de energía y utiliza tu exhalación para liberar cualesquiera pensamientos y contracciones en tus músculos, cuello y mandíbula. Mientras lees esto, permite que tus pensamientos y tus juicios se pierdan en tu vigorosa respiración. Sé que es algo similar a un acto de gimnasia mientras se está leyendo, pero estoy segura de que habrás realizado contorciones aun peores para acomodar tu vida. Respira y frótate las palmas de las manos. Ahora coloca tus manos en cualquier parte de tu cuerpo y sigue estando consciente de tu respiración enviando energía a tus manos. Puedes reírte mientras lo haces o puedes pensar cosas relacionadas con juicios, puedes incluso repasar tu lista del mercado, siempre que sigas respirando y permitiendo que la energía de la respiración fluya de tus manos hacia tu cuerpo; créelo o no, es algo que realmente funciona y ocurre. Felicitaciones: has completado tu primer entrenamiento preliminar en sanación. Vamos ahora un poco más a fondo.

Respira profundo y activamente, y genera la misma energía con tu atención y tu respiración, esta vez sin utilizar tus manos (lo cual, según la situación, puede hacerte parecer un poco raro). Inhala profunda y fuertemente y con el ojo de tu mente encuentra tu objetivo. Sin que participen las manos: sólo tu atención y tu respiración.

Permite que tu intuición te dé un verdadero sentido físico del objetivo. No juzgues la forma como representas tu objetivo —o, si eres una de esas personas que tiene que juzgar, permite que el objetivo sea representado por tu juicio.

Ahora experimenta (mediante la vista, el tacto, el oído, el gusto o sólo el saber) cómo cambia el objetivo tal como quieres que lo haga, sanando, y centra tu atención y tu respiración en su resolución, aun si no tienes un sentido claro de qué es la resolución o cuál es la sanación. La experiencia que tengas aquí será única para ti. Cada cual experimenta algo distinto. Debes observar lo que está cambiando y continuar el proceso.

A medida que lo haces, notarás que los sentimientos, los recuerdos, los mensajes, las palabras, las frases y los juicios (para nombrar solo algunas cosas) comienzan a surgir y comienzas a estar consciente de ellas. Tu cuerpo no es sólo carne y sangre, huesos y órganos, sistemas y glándulas. Tu cuerpo está compuesto de tus experiencias, patrones, juicios, lesiones y autolesiones también. Tu cuerpo está compuesto de proyecciones de los demás que has llevado contigo toda tu vida, incluyendo las que recibiste químicamente en el útero, tu vida externa y sus estructuras y todas las personas en ella y la energía que esas personas generan. Tu cuerpo es un organismo físico complejo y su profunda habilidad de cambio radica en todos esos otros patrones que tu energía sigue —patrones que realmente pueden cambiar. La conciencia es la clave de este cambio.

Al comienzo los resultados positivos no siempre son agradables. Claro está que en el caso poco probable de que te sientas realmente enfermo a medida que haces el ejercicio de sanación, sin duda debes llamar al médico, pero lo que estoy diciendo se refiere a la conciencia de una serie de molestias que has llevado contigo sin estar consciente de ellas. Las has arrastrado durante toda tu vida reprimiendo el dolor que te causan de manera que te permitieran hacer todo lo que tienes que hacer cada día. Esta falta de conciencia también ha bloqueado tu conocimiento de tus únicas e individuales curas, tu belleza, tu capacidad y tu poder de atraer lo que requieres —justamente esas cosas que podrían hacerte sentir más cómodo y más orgulloso de habitar en el cuerpo en el que estás y cambiarlo en las formas en que necesitas que cambie.

¿Aún experimentas tu cuerpo como energía? Este es tu recordatorio. Para utilizar con efectividad el resto de este capítulo, este mantra siempre debe ser el punto de partida. Te recuerda que la realidad de tu cuerpo no es una masa sólida incapaz de cambiar sino un organismo dinámico viviente que cambia sin cesar.

La comunicación corporal es de doble vía. Tu cuerpo y su memoria, las lesiones y funciones te comunican un estado de ser. Lo que piensas y la forma como experimentas el mundo y como te experimentas a ti mismo se comunica a tu cuerpo. Siempre hay diálogo entre el cuerpo físico y las otras partes del ser, y siempre hay comunicación entre el cuerpo y el entorno. Para que tu cuerpo esté realmente sano, el diálogo debe reestructurarse e investigarse.

Tómate el tiempo para experimentarte como sanado. Usa todos tus sentidos para reorientarte de manera que estés plenamente en tu propio cuerpo, en tu entorno y en tu experiencia. Suele ser útil tener un ritual que te indique que la sanación ya está completa y que ahora tu energía está plenamente contenida dentro de ti. Puedes lavarte las manos o puedes sacudirlas. Debes tener una frase o un mantra propio que repitas unas cuantas veces o cualquier tipo de señal que te indique que ya es hora de que tu atención cambie de nuevo y vuelva a ocuparse de ti.

Cómo realizar una sesión de sanación en otra persona

En primer lugar, debes crear un espacio para la sanación. La función de este espacio es darle a la persona que atiendes un sentido de seguridad y, a la vez, contar con la protección necesaria que te permita mantener tu enfoque en esa persona. De ser posible, crea un espacio físico; si esto no es posible, crea un espacio psicológico expresando la intención de practicar la sanción sin dejar que interfiera nada de lo que hay a tu alrededor.

Permite que la persona que tratas sepa cuánto tiempo vas a estar trabajando y cíñete a ese tiempo. Así se creará un marco conceptual, tanto para ella como para ti, y podrán aprovechar mejor el tiempo. Siempre me aseguro de que mi cliente sepa lo que *no* soy. No soy un médico, no puedo hacer recomendaciones médicas, no soy una terapeuta, no puedo "procesar" el material que viene con los clientes. Por el contrario, les indico lo que *soy*, uso energía para tratar de impactar la energía de las personas en forma de sanación. Soy intuitiva. Les estaré dando mis impresiones intuitivas de lo que está ocurriendo y de lo que está cambiando durante la sanación. También les digo que parte de esto puede ser incorrecto y que, ante todo, deben creer en ellos mismos. Es posible que tengan recuerdos, sentimientos y experiencias durante la sanación, que será la forma como su propia energía va resolviendo las cosas. El uso más efectivo de estas reacciones es permitir que se den, sin intentar recordarlo ni ayudar en el proceso; lo que tienen que recordar, lo recordarán y lo que debe volver al subconsciente volverá allí, podrán volver a tener acceso a esa reacción cuando les sea útil.

Puedes indicar a quien estés tratando en qué debe trabajar contigo. Con frecuencia, la queja que lleva a solicitar la sanación no es el aspecto real que deba sanarse. Alguien puede decir que quiere sanar su asma, pero cuando permites que la intuición te guíe, te lleva a una tristeza reprimida que está en esa persona y le impide experimentar cualquier sensación de felicidad o placer en su vida. Yo presto atención ante todo a mi intuición.

Indícale a la persona que estés tratando cómo será el proceso físico durante la sesión. Si tienes pensado tocarla o compartir verbalmente tu información intuitiva, pídele permiso para hacerlo. Asegúrale que él o ella ya conoce su propia información aunque no esté consciente de ella y explícale que si algo de lo que tú le dices parece no ser correcto, probablemente no lo será.

La mejor posición de atención para la persona que recibe la sanación es aquella en la que no tiene que hacer ni cambiar nada. Piénsalo: si ella pudiera autosanarse, no te estaría pidiendo que la sanaras. Indícale que no tiene que hacer nada ni recordar nada. Permítele dejar que su mente haga lo que quiera, piense lo que quiera y se dirija a donde naturalmente lo hace. De cualquier forma no podrá hacer nada que tenga algún efecto; por consiguiente, no incluyas esfuerzos inútiles. Indícale que tú guiarás la sesión y que no puede hacer nada para interferir o para que ésta resulte más efectiva, aunque le darás algunas indicaciones de lo que debe hacer en su casa, una vez terminada la sesión.

Tú debes tener el control de la sesión. A menos que seas psicoterapeuta y quieras integrar la terapia en la sanación, es mejor que procures no hablar durante la sanación. Lo más probable es que la conversación sea un medio que utilice la persona que tratas para intentar descarrilarte o tomar el control de la sanación. Si

CÓMO CONTROLAR EL MUNDO DESDE TU SOFÁ

tu sujeto está en control, mantendrá el statu quo disfuncional. Indícale que con gusto hablarás con ella de cualquier cosa, una vez que termine la sanación.

Con frecuencia me gusta pedirle al sujeto que cierre los ojos porque esto elimina la necesidad de interactuar con él por fuera de la ecuación. Tu atención durante la sanación deberá estar centrada en percibir y cambiar su energía, así como en recibir información intuitiva para catalizar una reacción dentro de ella. No necesitas dividir tu atención aún más viéndote obligado a estar presente mediante una interacción social.

Haz las preparaciones que consideres eficaces para centrar tu energía, recuerda darte siempre la sugerencia de que a medida que haces pasar tu energía a través de tu sujeto estarás ocupándote primero de tu propia sanación.

Comienza por centrar tu atención en tus manos sobre tu cliente. Fíjate dónde decides comenzar. Sabrás de inmediato lo que debe cambiar en el área para que se produzca la sanación. Lo más probable es que tengas una idea de lo que no funciona bien y de cómo sería probablemente la energía si lo que intentas sanar estuviera sano. Utiliza tu atención y tu respiración para forzar ese cambio. Éste proceso es diferente para cada persona. Es posible que lo veas, que lo sientas o que te involucres en cualquier combinación de sensaciones para percibir el problema y la solución relevante. En la periferia de tu atención te darás cuenta de que habrá escenas, palabras e ideas que se refieren a lo que está ocurriendo en el área, o que catalizan un cambio. A menos que tu información parezca realmente cruel o poco ética (como sugerirle que deje de tomar su medicamento), díselo a tu sujeto. Si hay algo que él deba cambiar o deba hacer de otra forma o algo que inclusive deba atraer a su vida, hazlo por él. Realmente no sirve de nada decirle: "Veo que estás solo". Tu trabajo como sanador es ayudarlo a darse cuenta de eso. Si percibes que está solo, también debes percibir una solución energética y tal vez reforzar tus conclusiones con alguna historia para que no se sienta como si lo estuvieras inventado en el momento o, aun peor, como si estuvieras poniéndole sal en sus heridas.

Puedes decir, por ejemplo: "Detecto una sensación de soledad en tu pulmón izquierdo". (Es posible que sepa que ahí tiene una lesión y tal vez tú la veas también; pero, puesto que no eres médico y eres una persona ética, no das información médica). Si él no sabe que la lesión está allí tendrá una alerta que le indicará que debe ir al médico para un examen. "Siento que estás rodeado de muchos niños, tal vez tus hermanos, y también detecto que te sientes olvidado. En tu vida presente, siento que estás tan habituado a que te pasen por alto que no sabes cómo atraer a las personas hacia ti. Ahora estoy cambiando esa dinámica. Estoy trayendo hacia ti personas buenas y estoy experimentando que reflejes en ti su comportamiento saludable y que establezcas relaciones positivas y, a medida que lo hago, siento que surge un sentimiento de ira. Siento que te vas haciendo más activo físicamente de manera que esa ira no detiene tu capacidad incipiente de establecer una conexión. Ahora veo que mi atención se desplaza hacia tu vientre..."

Una vez que comienzas la sanación te darás cuenta de que tu atención sabrá dónde iniciar y luego, momento a momento, a dónde continuar. Estás creando un mapa energético de sanación en tu sujeto. Recuerda que las personas no viven en un vacío. Mientras haces la sanación de tu sujeto permite también que tu atención haga lo mismo para las situaciones disfuncionales que percibes en su vida. No puedes separar el cuerpo de su entorno. Tienes que trabajar con ambos.

Cuando se termine el tiempo, detente, aun si tienes deseos de continuar. Indícale a tu cliente que descanse un momento.

Cómo realizar una sesión de sanación remota

Ahora practicaremos el mismo ejercicio en forma remota en alguien más o en ti mismo, como si tú fueras otra persona. Esta vez no utilizarás tus manos sino que simplemente mantendrás tu conciencia de la otra persona frente a ti (puedes hacer que el cuerpo de esa persona sea más grande o más pequeño para que se acomode a ti). Recuerda que debes utilizar primero la energía para sanar tu propio cuerpo y luego, con lo que llamamos el ojo de la mente, centrar tu atención en el área del cuerpo de la persona hacia donde ésta quiera dirigirse para comenzar el proceso de sanación. Puedes tener un sentido muy claro de lo que quieres cambiar en ese cuerpo; puedes sentir el comportamiento saludable de sus células, puedes sentir cómo liberan su energía para funcionar de la manera más perfecta para esa persona. Tal vez tengas que fingir constantemente para hacer esto. De ser así esfuérzate con tu imaginación.

Tal vez te des cuenta de que tu atención se dirige a distintas partes del cuerpo de esa persona. Puedes encontrarte hablando con ella mentalmente, su intuición te dará las palabras, imágenes y sentimientos exactos que necesitas para crear una reacción de sanación. Terminemos ahora poniendo de nuevo tu atención en tu propio cuerpo y permitiendo que la energía se centre en tu sanación. Tal vez te sorprenda mucho la precisión y la claridad de tus impresiones intuitivas de lo que sucede con la otra persona. Uno de mis mayores placeres como maestra de sanación es ver la sorpresa de mis alumnos cuando se dan cuenta de que, inclusive a distancia, pueden saber con exactitud lo que ocurre con la otra persona y son capaces de ejercer un efecto positivo.

Si estás en contacto con tu sujeto, indícale que la sanación ha terminado. Podrá haber tiempo para compartir o simplemente puedes darle un momento para que tome notas de lo que ha oído decir o lo que ha percibido en él mismo. Lo más probable es que haya algunas áreas de sugerencias que hacerle, en las que se deba centrar después de la sanación, que sería útil compartir con él.

A medida que vas adquiriendo más práctica en esta técnica, aumentará tu confianza en la forma como tu intuición te indica que cambies tu energía corporal (y todo lo que se relaciona con ella) y, desde el principio, tu intención será muy clara.

Debes sanarte tú primero

Como lo has leído en los últimos ejemplos que describí, lo más importante, en primer lugar, es utilizar la energía para sanarse uno mismo. Una de las funciones maravillosas de un subconsciente sano es que no permitirá que demos algo sin que de alguna manera estemos satisfaciendo nuestros propios deseos y necesidades. Si utilizas el proceso de hacer una sanción para sanarte tú también, tu subconsciente te dará un acceso mucho mayor a la energía, porque estarás haciendo algo saludable y natural como ocuparte de tu bienestar en primer lugar. Por eso te incorporas en *ti* antes de hacer una sanación. Las personas que hacen sanación y dicen que quedan exhaustas después de hacerla o que adquieren los síntomas de sus clientes no están prestando atención a este importante primer paso de utilizar cada interacción para sanarse ellas mismas. La única defensa psíquica, psicológica y física es habitarnos totalmente.

El cuerpo es un sistema completo y altamente complejo y en muchas formas es más difícil de sanar que una empresa o una relación, dado que hay que trabajar contra toda una vida de patrones, muchos de los cuales ya no somos conscientes, ¡si es que alguna vez lo fuimos! La autosanación requiere valor. No se tiene perspectiva cuando se trabaja en uno mismo. Más que cualquier otra destreza intuitiva, la sanación es donde con frecuencia recurriría a otra persona para que me la hiciera. Todos tendemos a evitar nuestro talón de Aquiles. No hacemos presión instintivamente en el lugar que duele —sin embargo, eso es lo que necesitamos para sanar.

Estoy segura de que sabes cómo te sientes cuando estás bien. Experimentas tu mejor interpretación posible de la realidad y una intensa sensación de destino positivo y pleno. Si no puedes encontrar ese lugar en ti mismo en este momento, encuentra un solo recuerdo potente de cuando te hayas sentido en tu mejor forma y todo estuviera bien en tu mundo. En este recuerdo, todos tus sentidos, incluyendo tus pensamientos, tu juicio y tu perspectiva, tus sentidos, el gusto, el olfato, el tacto, el oído y la vista estaban colmados; estabas inundado en forma sensorial y visceral de un pleno bienestar. Cada átomo de tu ser estaba plenamente vivo. Estabas hecho y lleno de lo mejor posible de ti mismo. Ese es tu punto de partida para una sanación. Esta, por sí misma, es una técnica de sanación que puedes utilizar en ti en cualquier momento. Es una forma de ser. ¿Por qué la memoria? Ya verás, la memoria existe en forma completa de manera que siempre puedes referirte a ella. No tienes que imaginarla ni crearla y la intuición puede escoger y elegir sus mejores partes y llenar los espacios en blanco para hacerla más vívida y completa. Tienes que encontrar ese estado.

Incorpora tu propia sanación. Experimenta esa sanación con todos tus sentidos. No será fácil. De lo primero que tienes que estar consciente al incorporar y experimentar plenamente algo que te esfuerzas por crear, son los bloques con los que se elabora esa creación. Una vez que tengas conciencia de un bloque, puedes comenzar a utilizarlo como una herramienta. Con frecuencia, tu sanación intuitiva puede darte un resultado más completo y maravilloso del que podrías visualizar, dado que tal vez nunca antes hayas experimentado este estado de bienestar, amor, éxito, salud o felicidad.

Técnicas de sanación que puedes utilizar en tu vida diaria

Te recomiendo especialmente que crees un espacio físico de sanación. Tengo unos cuantos espacios de sanación en mi casa, comenzando por mi sofá, donde trabajo con otros, y en mi cama, donde trabajo en mí. Me gusta usar mi cama como mi espacio de sanación porque me prepara y me deja lista para sanar también en la noche mientras duermo. Cerca de mi cama tengo además un pequeño cojín y una mesa con artículos de sanación significativos —fotografías de mis seres queridos, pequeños recuerdos y regalos. Me aseguro de cambiarlos y de moverlos a medida que mi vida va sanando y va cambiando. Tu espacio de sanación debe responder a tus cambios y si estás practicando la sanación, esos cambios pueden ocurrir sin demora.

Tengo una pequeña caja de artículos de sanación con la que viajo y establezco un espacio de sanación adondequiera que voy. Esto le recuerda a mi subconsciente: "Este es tu espacio para sanación y regeneración". Es esencial tener algo externo a uno mismo para documentar, representar y establecer patrones de nuestros cambios internos. En tu interior, hay desorden y desarreglo. Al crear un espacio exterior que represente y siga tus cambios, podrás experimentar esos cambios e implementarlos de forma más clara. Hay muchísimas formas de hacerlo. Solía gustarme hacer un diorama (ya sabes, la caja de zapatos en la que creas un pequeño mundo) de lo que deseaba. Todo el tiempo que estuve en el colegio hice dioramas de la casa que quería ¡y ahora vivo en ella! Dedica esfuerzo a lograr que tu espacio exterior semeje exactamente lo que quieres sanar y crear. Presta atención a tus excusas para decir que no puedes hacerlo: "Vivo con otras personas", "No tengo dinero" y "No tengo tiempo". Estas son las excusas que uno usa para permanecer estancado. Usa lo que tengas, empieza con lo que eres y te sorprenderá lo que podrás crear y la forma como esto se traducirá en tu vida real de modo potente y satisfactorio.

Es posible que también desees tener un espacio de sanación a donde puedas ir con tu imaginación. Debes hacer uso de todos tus sentidos y, en cierta forma, se debe asemejar al espacio de sanación que hayas creado en tu hogar, una especie de espacio de sanación interno, portátil, que siempre puedas llevar contigo. Es este el lugar donde sanas. Puedes sanar con sólo entrar por su puerta, si es que la tiene. Puedes hacer un gran baño romano en el que te sumerjas en aguas curativas. Es posible que tengas un ser todopoderoso pleno de amor que te sostenga. Mientras todos tus sentidos estén involucrados en este lugar de sanación interior, tendrás un destino de regeneración y recreación potente, intuitivo, físico, emocional y espiritual para ti. Después de haber enseñado este tipo de trabajo desde hace ya mucho tiempo, te puedo contar un pequeño y gracioso secreto: todos tus espacios —tu hogar, tu oficina y tu automóvil— comenzarán a parecerse a tus espacios de sanación a medida que pase el tiempo. También puedes buscar intuitivamente países, hoteles y restaurantes que se asemejen a tus espacios de sanación. Aún más importante, atraerás una vida que te hará sentir como te sientes cuando estás en el proceso de sanar.

Cómo rejuvenecerte

Esta es una de las sanaciones favoritas de todos (es decir, de todos los mayores de treinta años). El rejuvenecimiento puede parecer algo carente de fondo, pero el rejuvenecimiento es una de las herramientas de sanación más potentes que tenemos. Tu energía tiene memoria. Tus células tienen memoria. La memoria no es permanente. Puede cambiarse con una variedad de técnicas.

Vuelve al momento de tu óptima salud o tu óptimo desarrollo. En el caso de querer sentirte rejuvenecido, simplemente toma tus células y tu energía y llévalas de nuevo a ese lugar; en el caso de enfermedades de carácter genético o que se produjeron al nacer, o cuando eras mucho más joven que la edad a la que quisieras regresar, repasa lo que hizo tu cuerpo en ese momento y luego, avanza lentamente a la versión revisada de tu ser físico, emocional e intelectual hasta la edad en la que quieras estar. Considéralo como una clonación interna de autoingeniería.

Para indicar a tus células que avancen hacia la juventud, debes verte tan joven como lo deseas al mirarte en un espejo. Esto es, al igual que toda sanación, un proceso, una disciplina. Debes utilizar todos tus sentidos, incluyendo la vista que, con el proceso de rejuvenecimiento, suele ser el sentido más difícil de utilizar. Puede no ser exactamente como era cuando estabas joven, necesitas adquirir primero esa visión de juventud y luego editarla. Tal vez hay cosas acerca de tu cuerpo que nunca te gustaron y que quisieras editar en esa visión. Tal vez en el período de tiempo en el que pensaste que te encontrabas en tu mejor forma hayas tenido una enfermedad o un estado emocional que quisieras liberar antes de que tu energía simule ese período de tiempo. Esta información será aparente para ti a medida que haces el trabajo. El don y la maldición de la intuición son que entre más tiempo seamos conscientes de algo, más información recibiremos. Cuando uno tiene una meta u objetivo consciente, esta información nos ayudará a alcanzarlos.

Igualmente, si estás trabajando para ayudar a alguien a rejuvenecer, permite que la intuición te dé un sentido de su estado de perfección más joven y descríbeselo, mientras le pides que lo experimente con todos sus sentidos y que se convierta en parte del proceso indicándote los sentimientos, recuerdos y sensaciones que se agudizan a medida que avanza tu trabajo, así como las cosas que él quisiera cambiar acerca de su ser físico/emocional a partir de ese momento. La energía, las células y los átomos son muy efectivos en cumplir esas instrucciones. Cuando se les da una instrucción consciente, lo que suele requerir repetición y por lo tanto el compromiso de tu sujeto en el proceso, siguen la instrucción prescrita. Todo se trata de utilizar el lenguaje adecuado con el cual se imparte esa instrucción. Eres demasiado gordo, eres demasiado viejo, eres (llena tu el espacio en blanco) *no es* la instrucción correcta. Usa tu propia intuición para recubrir la verdad en palabras amables.

El cambio extremo: sanación de corazón y alma

Con el ojo de tu mente, permítete deambular a una época de tu vida cuando eras más joven, una persona que necesitaba todo lo que tienes ahora para sentirte segura. Encuentra una sola escena. Ubícate allí con ese niño que solías ser y consuélalo, dile lo que debes saber, procura entablar amistad con él para ganarte su confianza, siente tu amor por él. Si esto te resulta difícil, intenta encontrar algo que pudieras amar en él y déjalo crecer. Cada día representa una escena. Haz esto sólo una vez, o a lo sumo dos veces al día. A medida que te sanas en tu pasado, te irás sanando en tu presente. La única regla es que no puedes cambiar el pasado, sólo tu respuesta a él —lo que hiciste, sentiste, creíste, dijiste y supiste. Puedes traer ese tú pequeño a tu casa por un tiempo. Lo puedes incluir ahora en tu vida. Si lo decepcionas al no cumplir alguno de sus sueños, podrán trabajar los dos unidos para desarrollar un plan que haga que esos sueños se hagan realidad hoy. Ustedes dos son los mejores aliados.

Permite que tu conciencia mueva parte de tu cuerpo y síguela. ¿A dónde fue? ¿Qué encontraste allí? ¿Qué recuerdos, destrezas y conciencia se han hecho ahora claras y accesibles y te permiten trabajar con ellas? A veces la conciencia misma basta para comenzar el proceso de sanación.

Cómo perder peso desde tu sofá

Aunque esto pueda parecer un concepto increíble, en lo que a mí concierne, lo mismo se puede decir de las dietas. Si las dietas y los libros de dietas dieran resultado, no existiría una industria multi-multi-billonaria de planes dietéticos. Puedes experimentar y experimentarás cómo manejar tu cuerpo en una forma nueva y efectiva. Si el exceso de peso es un problema para ti, será un síntoma de cómo quieres cambiar tu vida. Al cambiar tu peso cambiará tu vida.

La intuición es una herramienta sorprendente para bajar de peso porque te guía en cuanto a las opciones correctas para ti, que eres un individuo único, así como para manejar las razones físicas y psicológicas que tú, como individuo, estás bloqueando y, así, estás impidiendo que tú cuerpo sea como lo quieres. Muchas de estas razones te dieron resultado en una oportunidad, pero ahora, por el simple hecho de que has decidido leer esto, sabes muy bien que ya no te sirven. Estás listo para un cambio.

Al observar cualquier cuerpo humano, aun el de gemelos

idénticos, te darás cuenta de que no hay dos cuerpos totalmente iguales. No hay dos personas iguales. La intuición te guiará hasta encontrar lo que necesita, específica, exacta y efectivamente para tu forma exclusiva. Tú mismo te irás guiando hacia buenas alternativas. La ironía está en que no hablaré mucho de dietas, ni de alimentos, ni de ejercicio ni de todas esas cosas que esperarías. Tú estarás efectuando cambios internos y profundos en ti que serán los que guíen tu éxito. Sé que muchos de ustedes realmente han sufrido haciendo un esfuerzo tras otro, un sacrificio tras otro, sólo para descubrir que no pueden vivir en el cuerpo que desean. Parte de lo que necesitas purgar ahora mismo es el sufrimiento, la vergüenza, el desprecio de uno mismo que se producen por el fracaso. Lo intentaste. Esto en sí mismo es un acto de valor. El cambio, cualquier cambio, es algo que todos los mamíferos ven como amenaza. Requiere nuevas destrezas y requiere renunciar a algo que nos define y que nos ha ayudado a sobrevivir en el pasado. Es como morir un poco. Hazte honor a ti mismo por tu esfuerzo para lograr el cambio a la vez que te embarcas en un cambio real, sostenible. El resultado más valioso de cumplir este programa no será la pérdida de peso —eso será apenas un efecto colateral de los otros cambios que estarás realizando. El tesoro es el poder, la felicidad y la efectividad que alcanzarás al recobrarte a ti mismo y tu capacidad de crear tu propia vida y tu propio destino. Nunca he conocido a nadie que, al encontrar realmente el núcleo de su ser, no quedara loca y apasionadamente enamorado de sí mismo.

Voy a terminar de una vez por todas con las recomendaciones dietéticas, desde ya. Lo cierto es que al ingerir menos calorías de las que gastas, perderás peso. Cuando ingieres más calorías de las que gastas, aumentas de peso. Punto. Muchos estados subyacentes, como la depresión o la ansiedad, pueden tener un efecto en tu nivel de energía y, por lo tanto, en tu peso. Es posible que te indiquen que debes buscar un médico que trate estas condiciones. Claro está que la genética tiene un papel importante en la forma como aumentamos o perdernos peso; sin embargo, es posible que descubras que al cambiar la forma como usas tu energía, podrás cambiar la forma como funciona tu cerebro. Conozco muchas personas anteriormente obesas, de familias obesas, que han manejado sus tendencias genéticas en una forma que les ha dado excelentes resultados. Tú eres la única fuerza potente de cambio en tu vida. Puedes cambiar ahora.

El día de Año Nuevo, muchos nos preparamos para el fracaso. Decidimos cambiar cosas que no hemos podido cambiar en el pasado, y queremos hacerlo todo de una vez. Claro está que así nos condenamos a fallar. La fuerza de voluntad sólo da resultado cuando podemos descubrir y liberar nuestra voluntad. Haremos esto juntos y, al liberar tu voluntad te liberarás de muchas cosas que ya no tienes por qué arrastrar contigo, una de ellas, el exceso de peso. Pero estoy segura de que hay cosas mucho más importantes y emocionantes que encontrarás en el proceso.

Recuerda que la grasa es energía almacenada, por lo tanto, transfórmala en energía útil. Está intentando protegerte. Sabe cómo te protegerás cuando ya no esté. Indícale para qué vas a utilizar la energía.

Cómo recobrar el cuerpo que estabas destinado a tener

Este es un ejercicio de recuperar tu vida en un sentido tan completo que todas las áreas pueden encontrar una nueva estructura, una que es natural, y que es la que deseas. La intuición te permitirá irte guiando hacia tu método único y adecuado de vivir y cambiar. Si la forma como vives tu vida no te está dando los resultados que quieres, lo más probable es que estés estancado en un estilo defensivo pasado de moda. En algún momento de tu vida, la defensa y los sacrificios que hiciste por mantener esa defensa te sirvieron, tal vez también hayan salvado tu vida, pero ahora tienes otras alternativas. El primer elemento de cambio, y el más importante, es la alternativa, y la principal herramienta de cambio es la conciencia.

Comencemos. Puedes hacer este ejercicio sentado, oyendo música o inclusive lavando la loza, no hay forma correcta de hacerlo. Lo que quiero ahora es que experimentes tu cuerpo exactamente como quieres que sea. No visualices y no recurras a la idea del cuerpo de una persona que admires. Pretende que eres una escultora y que utilizas la arcilla de tu propio cuerpo, a la vez que habitas en él, para crear el cuerpo que deseas. A medida que lo haces, haz uso de todos tus sentidos como tus herramientas. ¿Cómo se siente, a qué sabe, cómo huele, cómo suena, cómo se ve estar en tu cuerpo? ¿Qué ha cambiado en tu interior? ¿Cómo te sientes contigo mismo y con el mundo que te rodea? No tienes que centrarte ni convertir esto en un proceso importante. Recuerda que lo puedes hacer mientras haces alguna otra cosa.

Lo que ocurrirá es que todas las cosas de tu vida —tus pensamientos, tu cuerpo, tu historia y tus patrones que no te permiten estar en este nuevo cuerpo— se despertarán. No es algo que vaya a ocurrir de una sola vez, sino por capas. Toma nota de todo esto (inclusive tal vez desees escribirlas) y luego vuelve a esculpir. Es posible que también quieras poner a prueba este nuevo cuerpo y moverte en él por la habitación. No tienes que bloquear las observaciones o los mensajes negativos que puedan surgir acerca de tu cuerpo mientras lo haces. Sé consciente de ellos, regresa a esculpir y respira. Es posible que experimentes emociones que surgen de tu interior o que te vengan a la mente personas o situaciones. Concéntrate de nuevo en esculpir tu cuerpo de adentro hacia afuera. Entre más tiempo puedas mantenerte concentrado en este ejercicio, más potente será tu capacidad de alcanzar un cambio profundo. La interferencia, el juicio, el desánimo y la ira son todos parte del proceso; no son distracciones sino que forman parte del proceso de cambiar el patrón de energía que te ha mantenido atrapado donde ya no quieres estar.

Vuelve a pasar de tus distracciones a tu tarea de escultora. Ese *tú* que ya no quieres ser no es el sobrepeso que hay en ti; es mucho más. El peso es sólo un síntoma, y a medida que sigues esculpiendo y te permites ser consciente de otra información que te distrae, vuelve a concentrarte una y otra vez en el tú que estás creando ahora, domina el habitar plenamente la vida que deseas y descubre las habilidades que tienes para lograrlo.

Cómo sanar una situación en tu vida

Puedes sostener toda la situación entre tus manos, permitiéndole progresar en el tiempo o permitiendo que sus detalles cambien para promover la sanación. En ese momento, puedes sostenerte tu mismo en tus manos y con el ojo de tu mente, puedes guiarte hacia la seguridad. Tu intuición, una vez que comience la sanación, te dará numerosas formas originales y pertinentes para crear un cambio positivo.

Con frecuencia tendrás que hacer esto más de una vez. Sugiero que, después de la sanación, tomes nota de lo que experimentaste, o si no te gusta escribir, que dibujes, esculpas o realices alguna otra actividad creativa que documente esa experiencia para ti. Con frecuencia necesitarás dormir después de realizar este tipo de autosanación. Tu subconsciente y tus sentidos querrán descansar para procesar la información e integrar los cambios energéticos que has logrado.

Cómo utilizar la sanación en tu vida diaria

La sanación es un centro de energía y de atención que te otorga la poderosa capacidad de dirigir no sólo lo que ocurre en tu interior sino también lo que sucede a tu alrededor. Si quieres conseguir dinero para tu empresa, usas tu telepatía y tu capacidad de convertirte en médium para determinar aquello a lo que los inversionistas responderían; tu incorporación para experimentarte tu mismo y tu producto como la persona o el grupo deseado; tu visualización directa para orientar a tus inversionistas y tu calor corporal para atraerlos hacia ti. Es tu *sanación*, eres tú quien absorbe todos los datos y la energía y los enfocas en el resultado que deseas, lo que crea un patrón que rápidamente hace que todas las piezas encajen. Además estoy aquí para decirte que literalmente puedes hacerlo de forma muy fácil, sentado en tu sofá. Sostén el resultado deseado entre tus manos, respira y permite que tus destrezas intuitivas te den la información, siempre utilizando tu respiración y tu atención para reformar el patrón y volver a graduar todos los distintos elementos que te permitirán alcanzar tu meta. De hecho, puedes crear el éxito para luego entrar en lo que necesitas. La parte difícil, lo realmente complejo, lo haces en tu sofá, de forma consistente y con disciplina.

Utilizo un proceso bastante tonto pero efectivo cuando la sanación me presenta tanto trabajo intuitivo que hacer. Este enfoque tonto me ayuda a navegar hacia mi meta cuando parece como si intentara negociar una carrera de obstáculos. El sistema es el siguiente: experimento mi objetivo como una burbuja de goma de mascar (puede ser de cualquier color) dentro de una esfera llena de otras burbujas de goma de mascar multicolores y mantengo mi atención, mi respiración y mi energía concentrados en impulsar mi burbuja de goma de mascar a través de las demás hasta que la ubique donde la quiero (es frecuente que no sepa exactamente cuál va a ser su destino hasta que llega allí y lo percibo con mi visualización remota). Durante este proceso encuentro obstáculos que, de ser necesario, son definidos por mi intuición junto con formas de manejarlos. A veces la negociación telepática se lleva a cabo a un nivel inferior a mi percepción y, al cabo de un momento, puedo sentir que mi burbuja de goma de mascar avanza. A veces mi burbuja de goma de mascar se mueve con más lentitud o pierde su orientación y entonces suelo sentir con mi propio cuerpo la razón por la que esto ocurre, y dialogo conmigo o utilizo mi intuición para encontrar las herramientas y los conceptos positivos que me permitirán sentir el empoderamiento necesario para avanzar. Repito esto hasta que cumplo mi objetivo —hasta que mi pelota de goma llega a donde tiene que llegar.

El siguiente es un ejemplo. Me encanta enseñar y quiero dedicarme más a esto cuando mi hijo entre a la universidad para sentirme bien siendo maestra; necesito sin embargo organizar a mis alumnos dentro de algún tipo de práctica que les brinde apoyo y los empodere en el mundo. Aparentemente sin ninguna razón y de forma inesperada, justo antes de la Gran Crisis de 2008, como llegará a conocerse, recibí una llamada de *Newsweek* para que escribiera un artículo sobre mi trabajo, el artículo se centraba en los negocios y la intuición. Ese mismo mes hice una predicción de mercado (*jamás* hago esto) por radio, acerca de los precios del petróleo, y el precio del petróleo obliga; luego, para rematar, el hecho de que predijera esta caída del mercado para muchos de mis clientes pasa a ser de dominio público debido a uno de ellos, e instantáneamente tengo alumnos capaces, educados, para entrenar y un mercado de personas que quieren contratar a los intuitivos empresariales entrenados por mí.

Naturalmente, hubiera podido ser lo contrario. Si estuviera dirigiendo mi energía a través de mi introversión, con la que lucho, podría haber atraído hacia mí un reportero que habría encontrado mis errores y mi recompensa habría sido que me habrían dejado en paz. Esta es la otra cara de la sanación en acción, y la razón de la importancia de que tu subconsciente y las lesiones que conlleva sean escuchadas y atendidas y que tu sanación sea conscientemente dirigida hacia tus objetivos. Esto se aplica igualmente a una persona, a una empresa, a una comunidad, a una situación, etc.

La intuición y la observación te ofrecen abundantes datos. El proceso complejo y dinámico de dirigir lo que sabemos, lo que está disponible a través de nuestros obstáculos internos y externos de nuestra ruta para terminar en nuestro objetivo, es la sanación. Todos aquellos con quienes trabajas deben poder hacer esto o de lo contrario quedarán estancados en ellos mismos. No necesitas utilizar lenguaje psíquico, de hecho, probablemente no lo debas hacer. Utiliza palabras como *enfoque* y preguntas como, "¿Te estás cuidando de esto?", "¿Qué reservas tienes?", "¿Cuáles son las dificultades potenciales y cómo podemos ponernos de acuerdo para resolverlas?". Las instrucciones e interrogantes normales debidamente ubicados obtienen respuestas intuitivas y sanadoras.

Hay un antiguo juego psicoterapéutico conocido como "El elefante". Todos están en cuatro patas, con los ojos vendados, en una carrera de obstáculos. Sólo el líder puede ver. La responsabilidad del líder es lograr que todos terminen seguros en la meta y el trabajo del resto del grupo es cooperar con los que van adelante y con los que vienen atrás para que puedan seguir al líder hasta el final. Al comienzo del ejercicio, todo el mundo está algo confuso. Para cuando termina, cada persona en la fila es parte del líder, lo que le agrega poder y energía a la progresión. Puedes hacer esto con tu familia o con tu empresa sin tener que ponerte en cuatro patas. Es increíblemente terapéutico. La sanación toma energía de los patrones desorganizados, contrarios y disfuncionales y la canaliza utilizando la misma energía que te habría impedido avanzar, como combustible para alcanzar tu meta.

La sanación es un proceso

Tal vez te estés preguntando, con todos estos cambios positivos de sanación en tu vida y con la buena suerte que te traen en el mundo, ¿qué razón habría para no practicar la sanación? ¿Por qué tendrías que volver a los viejos hábitos o distraerte de tu camino más agradable y poderoso? Sin embargo, una y otra vez, te vas a distraer y la buena y confiable disciplina tendrá que absorber este retroceso. ¿Cuál es la razón para que esto suceda? Muy sencillo: porque la vida interviene. Las exigencias de otros y las exigencias básicas de la vida te van a distraer. Las antiguas reacciones hacia los amigos, los compañeros de trabajo e incluso hacia los recuerdos te desconcentrarán. El subconsciente sospecha del cambio e intentará atraerte con lo que se requiera para mantenerte igual, para que sigas estancada. El cambio significa una pérdida del viejo yo, y por mal que puedas sentirte acerca de una enfermedad o de una imagen de ti mismo, ese eres tú, esa es la persona a la que has cuidado y en la que has invertido gran cantidad de energía y tiempo constantemente para mantenerte igual. Se requiere disciplina y valor en un punto determinado del proceso de la sanación para permitir un cambio real. Uno de mis otros libros, *Welcome to Your Crisis* (Bienvenida a tu crisis) puede ayudarte a evitar las trampas de tu estilo reactivo y ayudarte a reconocer cómo debes obligarte a abandonar esa actitud cuando sientas que estás retrocediendo, y cómo utilizar las fortalezas de tu estilo para avanzar.

A veces, al comienzo de la sanación, realmente no sabes cuál es tu meta. Si estás haciendo una sanación en otros, sus metas iniciales o "las quejas que presenta" pueden no ser lo que realmente necesita ser sanado. La sanación es un proceso continuo de descubrimiento y cambio; es orgánico y perenne. Nunca nadie ni nada queda totalmente sanado. Todo es dinámico, es trabajo constantemente en desarrollo, en progreso. En el momento en que transformas algo, empiezas a trabajar en el siguiente nivel de salud, felicidad y éxito. Puedes aprender a amar esa revelación gradual de quién es tu mejor aliado y amigo: *tú*. La consistencia es clave para la sanción de tu propia vida. Se requirió tiempo para crear los patrones que no funcionan y se requerirá tiempo y consistencia para reemplazarlos por otros que sí lo hagan.

La sanación rara vez sigue una progresión metódica y lógica. Piensa en todo tu ser como un círculo compuesto de muchos puntos, todos ellos interconectados. Puedes saltar de un punto a otro —de un síntoma a un recuerdo, a un sentimiento, a una capacidad antes no descubierta, de nuevo a un sentimiento, a un momento de buena suerte al que le das cabida en tu vida, a un recuerdo, etc.— hasta que conectes los puntos y dibujes un círculo completo. En la matemática, si un polígono (un objeto cerrado con múltiples lados, tal como somos en nuestra vida consciente) tiene lados infinitos, se convierte en un círculo. Todos los lados del asunto, que reflejan sus imágenes en diferentes direcciones, se convierten en la forma más perfecta de la vida, en un círculo, al fundirse con la comprensión infinita y potencial de la intuición.

A medida que te conviertes en tu propio sanador y en sanador de otros, sentirás tu conexión y tu acceso a la fuerza y el poder de todo cuanto te rodea. Sentirás la movilidad del pasado, tu capacidad de crear el futuro y serás consciente y responsable de las alternativas que elijas en cuanto a tus acciones, tu atención y tu intención en el presente. Es en el presente donde lo cambias todo. La sanación se refleja mejor en la cita que hace Voltaire de un antiguo filósofo, Timaeus de Locris, sobre la imagen de Dios: "Un círculo cuyo centro está en todas partes y cuya circunferencia no está en ninguna". En la experiencia de la circunferencia ilimitada de tu propio ser, encuentras tu sanación a medida que vas volviendo a traer hacia tu propio centro ese bien infinito. Eso lo puedes hacer ahora mismo.

La sanación presenta obstáculos y otros problemas

Al igual que con todas las demás técnicas en este libro, no es necesario que creas para que las técnicas de sanación den resultado. Sin embargo, si no documentas tus metas deseadas o tus resultados, no tendrás cómo saber si pudiste o no crear un cambio. Si no te permites probar esta herramienta altamente efectiva para ti, será muy difícil que inviertas energía en utilizarla.

De nada sirve restar poder a lo que alguien ya está haciendo. La creencia es una herramienta poderosa cuando se trata de sanar. Permite que el subconsciente, el control maestro, entre en acción. No es necesario crear la sanación, pero sí sostenerla porque de lo contrario el subconsciente se limitará a construir nuevos patrones disfuncionales. Si tú (o alguien en quien estés practicando) cree que tu megadosis de vitamina C le ayudará, o que su quimioterapia o un producto para la piel, mejorará sus probabilidades de lograr una curación, la misma creencia puede ser lo que dé lugar a esa utilidad. Debes tener cuidado de cómo manejas tus propias creencias de sanación y las de los demás. Debes tener en cuenta tus propios prejuicios para no imponerlos en tu cliente ni en tu objetivo y debes ocuparte del difícil trabajo de cuestionar tus propias creencias. Una creencia es algo hermoso porque la aceptas sin cuestionarla. Sin embargo, hay muchas de tus creencias que pueden estar afectando negativamente cada área de tu vida. Esas creencias deben ser puestas en tela de juicio y deben refinarse para que puedas sanar tu vida.

¿Qué pasa si la sanación no da resultado? ¿Puedes sanar a alguien o sanar algo que no quiera ser sanado, y es correcto hacerlo?

La volición es parte importante de la sanación. Si algo no se está transformando, puede haber una razón persistente y profunda por la que tengas temor, por la que adoptes una actitud de rechazo y por la que te resistas a lo que tienes que hacer para poder cambiar o a lo que tendrás que aceptar para alcanzar la sanación. Esto se aplica igualmente a una persona, a una empresa, a una sociedad en general e inclusive al mundo. Puede haber una razón por la que soportar el síntoma es menos doloroso que reconocer su origen. Tal vez confrontar lo que tu padre sentía realmente por ti es más doloroso que tu propia enfermedad. Tal vez estar solo es menos doloroso que enfrentarte a tu propia ira o tu propio temor. Todos los días tomamos una decisión acerca del dolor que decidimos manejar. Recuerda que el subconsciente es *sub*consciente. Lo único que podemos hacer es trabajar constante y persistentemente para sacarnos las creencias y patrones subconscientes a nivel de instrucción de conciencia (aun si es en un estado de sueño y solo de semiconciencia), donde la energía podrá ser liberada y redirigida para el cambio deseado.

Uno de los mayores impedimentos de la sanación es tu incapacidad o la incapacidad de tu sujeto de experimentar en dónde estás o en dónde están los dos ahora. Bien, la realidad es que si tú estás en crisis, ya estás ahí, y la energía que gastes en fingir que no lo estás sería mejor aprovechada si la utilizaras en crear lo que deseas. Lo que sea que te esté cegando y te impida ver lo que realmente ocurre contigo en este momento también te está cegando en cuanto a la forma de resolverlo. Se requiere muchísimo valor para percibir en realidad nuestras propias vidas tal como se encuentran en este momento. A fin de obtener este valor, debes poder consentir, al menos, la idea de que tú —*tú*— tienes el poder de cambiar.

La autoayuda es precisamente eso. Es la capacidad de encontrar la fuerza dentro de ti mismo y tu conexión con el mundo para ayudarte. Soy totalmente opuesta a los gurús. Uno de los mejores elogios que he recibido de un alumno fue: "Vaya, usted está totalmente loca y sin embargo su vida sigue funcionando de forma excelente". El punto es que todos somos obras en progreso. Tú eres tu mejor gurú. Quienes han pasado antes por este camino pueden darte el mapa, pero verás que la mejor forma de hacer el viaje es hacerlo por ti mismo. Los seres perfectos no tienen nada que enseñarte. Acepta donde te encuentras ahora. Lo que sea que esté pasando contigo, por devastador que pueda ser, está pasando para ayudarte a encontrar tu yo más poderoso.

Estás donde estás en este momento. De ti depende crear el siguiente, pero solo si tienes el valor para aceptar lo que este momento representa para ti ahora y quién eres tú, qué estás experimentando. La forma de dar comienzo a este proceso es empezar por un enunciado, "Tengo el poder de cambiar", y luego experimentarlo con todos tus sentidos. Así, estarás preparado para analizar el lugar donde te encuentras y ver qué necesitas para cambiar.

La sanación consiste en elevar algo a un nivel de funcionamiento mayor y más productivo y, además de incómodo, suele ser un proceso de confrontación. Al sanar se descubren y se limpian los abscesos que de no tratarse envenenarán el sistema. Es desagradable pero funciona. Diriges la energía para cambiar y establecer un patrón de fuerza. Muy pocas veces encontrarás un felpudo que te dé la bienvenida, al menos al comienzo.

Yo suelo bromear y decir que mis alumnos de cinco días me odian durante dos y me aman durante los otros tres. Los puyo, los sondeo, los enfurezco y a veces inclusive los aburro con repeticiones, hago cuanto puedo por hacer que sus síntomas afloren a la superficie y me odian por ello. Recibo la retroalimentación más negativa que he visto cuando se van quienes abandonan el taller al segundo día, y son muchos. Para el quinto día, las formas de respuesta son de cariño y gratitud y las personas que las describen han entrado a formar parte de mi vida para siempre.

La sanación consiste en superar una disfunción. A cierto nivel, toda disfunción tiene un propósito y se protege a sí misma, reacia a sanar. Un sanador experimentado tiene las destrezas necesarias para ganarle en astucia a la disfunción y dominarla, reorientando su energía. ¿Sabes qué? ¡Esto es lo que hace a un buen director administrativo! No necesitas la cooperación consciente del objetivo para sanarlo. Realmente tienes que suponer que no vas a encontrar allí esa cooperación, puesto que, en la sanación, lo primero que se manifiesta es por lo general el síntoma. La fiebre llega a su punto más alto justo antes de comenzar a ceder.

Por lo tanto, la respuesta más simple es que no necesitas permiso para sanar efectivamente a un sistema o a una persona. Por lo general una disfunción es más débil que la energía organizada, orientada, intuitiva e informada de un sanador. Si está bien o no sanar a un adicto por solicitud de su esposa es algo que depende enteramente del individuo. Ten en cuenta que todo el tiempo estamos usando de manera subconsciente la sanación. Parte de una moralidad sólida consiste en saber elegir de forma consciente cómo utilizar tu energía.

La sanación intuitiva no reemplaza a los profesionales de la medicina

No renuncies a tu médico. La sanación es parte de llevar tus finanzas a donde quieres que estén, pero no despidas tampoco a tu contador. De hecho, un buen contador es parte de la sanación. La sanación es una forma poderosa y dinámica de ayudarte, de ayudar a los demás a crear cambios dramáticos sin demora. Como sanador, ya sea de ti mismo o de alguien más, tu objetivo es que se produzca la sanación. Esto significa que cualquiera o cualquier cosa que pueda ayudar en este proceso también es parte de la sanación. A veces una cirugía es la sanación. El medicamento es parte de la sanación. Tienes que aceptar la posibilidad de que la medicina alopática pueda ayudarte a sanar aun si va en contra de tus creencias. Aunque estarás trabajando en una técnica que te permite crear una sanación física, es útil recurrir a cualquier cosa que ayude en el proceso de sanar. La rigidez, la incapacidad de adaptarse a una forma saludable, es causa de enfermedad en primer lugar. A veces hay casos de verdaderas lesiones físicas. Por ejemplo, sufres un accidente, tal vez te fracturas un hueso. Inclusive estas lesiones aparentemente aleatorias tienen historias que contarte a ti y a tu intuición y tienen el poder de impactar. Con frecuencia, al trabajar con la intuición y con la energía de los cambios de disfunción a través de tu reorientación, las situaciones te irán guiando hacia el especialista correcto, hacia el tratamiento correcto para ayudar a resolver tu problema físico, a las personas correctas y a la información necesaria para reforzar tu cambio. Vivimos en un universo interconectado. Cuando participa la intuición, funciona de muchas maneras.

Dicho sea de paso, no existe la "intuición médica". La intuición médica es simple intuición. A menos que seas el doctor, no hay diferencia entre ser un intuitivo médico y simplemente un intuitivo. La diferencia está en el objetivo o en los interrogantes. La intuición te ofrece información correcta sobre el objetivo. Si el objetivo es un cuerpo humano con un problema, la intuición te dará información acerca de cuál es el problema y cómo resolverlo. *Practicar medicina sin una licencia es un delito.* No querrás que te acusen del delito de ser un médico falso, ¿verdad?

Las siguientes instrucciones son ciertas, ya sea que trabajes con alguien o que realices la sanación en ti mismo. Podrás, sin alarmismo, preguntar a la persona que tratas cuándo se hizo el último examen médico e irla orientando gradualmente a que consulte a su médico mientras la ayudas dándole el lenguaje que requiere para describir sus síntomas y obtener los exámenes correctos. Puedes decirle, por ejemplo: "Siento que hay una gran tristeza encerrada en tu seno y que tus penas deben ser resueltas. Podría ser bueno permitir que la tristeza sepa que te preocupas diciéndole que se haga una mamografía y prestando atención a los factores físicos, haciéndole saber que te ocuparás de ella en todos los aspectos". Puedes decir: "Siento que tu cuerpo carece de algunos minerales. ¿Has considerado consultar a una nutricionista?". Si trabajas como sanador, adquirirás una larga lista de médicos, psiquiatras, nutricionistas, etc., a quienes remitirles los pacientes.

Aunque trato mis enfermedades con médicos tradicionales, cuando la sanación no da resultado, me pregunto: "¿Por qué tengo esta bronquitis? ¿Qué me está diciendo? ¿De quién se trata? ¿En qué otro sitio escondo este dolor en mi cuerpo? ¿Qué necesito cambiar, hacer, pedir o resolver para saber lo que debo saber? ¿Cómo se está expresando esta enfermedad en otras áreas de mi vida, de mis negocios, de mis relaciones, etc.?". A veces no puedo responder de inmediato. Sin embargo, con intuición, una vez que se plantea la pregunta, la respuesta llega a su debido tiempo. Hace poco tuve un virus respiratorio y los virus no se tratan con antibióticos; tienen que seguir su curso. Hice mi "sanación" y recibí el mensaje claro de que necesitaba tiempo para descansar, tiempo para mí. Necesitaba ser creativa y trabajar menos, pero estaba en medio de un viaje de negocios programado y no podía hacer lo que mi cuerpo me estaba pidiendo. Entonces regresé a casa, aún enferma, y mi hijo estaba comenzando su año escolar. El virus me llevó a contraer una infección secundaria, sin embargo no veía que tuviera tiempo de consultar un médico ni de descansar y, naturalmente, me enfermé aún más. Por último, estaba tan deprimida que me tomé una hora libre para visitar a mi psiquiatra. Le dije: "Estoy deprimida, tal vez necesito un antidepresivo". Él me respondió: "No, necesitas un antibiótico". Lo tomé, dormí por unos días y me mejoré.

Tuve una alumna en mi último taller que realmente quería establecer una relación. Había estado tomando antidepresivos durante algunos meses; por primera vez en su vida, obtuvo muy buenos resultados, sin efectos secundarios y resolvió su problema de depresión que había soportado durante toda la vida. De hecho, antes de este medicamento, su vida y sus decisiones se habían definido y determinado por su depresión. Justo antes de mi taller, cuando llegó a trabajar en cómo establecer una relación en su vida, dejó su medicamento. Su mente racional le indicó que éste era un acto de fe en su capacidad de encontrar esa relación. Le sugerí que tal vez esta era su forma de evitar encontrar su relación volviendo a convertir su depresión en un problema. No puedes descartar al bebé junto con el agua de la bañera al hacer la sanación. Hay muchas cosas que te ayudarán a sanar. Debes usar tu buen criterio y tu buena intuición para aprovecharlas todas.

Cómo hacer de la autosanación un proceso diario

Como siempre, cuando anotes tu objetivo, debes dirigir tu intuición de forma clara y potente. Cuando despiertes en la mañana, tómate un momento para documentar tus sueños, tu estado mental, tus sentimientos y tus sensaciones físicas. ¿Cuáles son los aspectos físicos de tu cuerpo que quisieras cambiar? ¿Qué te gustaría cambiar acerca de cómo te sientes con la vida y contigo mismo? Si estos distintos aspectos pudieran hablar, ¿qué dirían? Haz una lista de las cosas que deseas sanar y déjalas que te hablen o que te den imágenes y recuerdos que te ayuden a actuar como su sanador. Sólo tú tienes la información que requieres para sanar.

Estas son algunas preguntas importantes que debes plantearte:

- ¿Cuáles son los riesgos de una sanación?

- ¿Qué podría perder?

- ¿Qué me asusta de llegar a estar sano y completo?

- ¿Alguien de mi familia ha tenido o tiene problemas similares a los míos? Si esta es mi forma de identificarme con esa persona, ¿con qué me estaría identificando exactamente?

- ¿Con quién debo hablar para limpiar ahora mi energía y eliminar mis síntomas? Nombra a esa persona y luego en esta página indica lo que debes decir.

- ¿Cómo me describiría yo una vez sanado?

- ¿Cómo soy?

- ¿Cómo es mi vida?

- ¿Quién es mi amigo, mi amante?

- ¿Cuál es mi relación con mi familia?

- ¿Cuál es mi relación con mi pasado?

Permite que tu yo sanado te hable, a ti, tal como eres ahora. Conviértete en una misma persona con tu yo sanado. Mientras haces este ejercicio sostén algo que lleves o uses todos los días. Cuando sientas la necesidad de sanar durante el día, toca ese objeto como una indicación que te lleve de nuevo al estado de sanación.

También me gusta tener entre mis manos la energía de sanación y enviarla a mis bebidas. Puedes hacer esto en grupo. Crea agua de sanación como grupo y luego haz que cada persona lleve un poco de esta agua a su casa. Todo es energía, por lo tanto puedes cambiar, desplazar y empoderar la energía en todo lo que usas o consumes. Yo preparo la cena para mi familia todas las noches, aunque les gusta también la comida rápida, lista para llevar, para así poder incluir amor y sanación en la preparación de sus alimentos.

Cómo prepararse para el trabajo durante el sueño

La sanación no necesariamente tiene que hacerse en estado consciente, en un estado meditativo. De hecho, la harás más consistente si la conviertes en parte de tu rutina normal para irte a la cama, y lo haces mientras te lavas la cara, te cepillas los dientes, tomas una ducha, lees y realizas otras actividades antes de dormir.

Mientras te preparas para la noche, permite que cada parte de tu cuerpo intente experimentar su nuevo estado. Por ejemplo, si has decidido perder peso, observa, mientras te pones tu pijama (o mientras te desvistes), lo liviano y forme que es tu cuerpo. Si trabajas por recobrar tu salud, experimenta el agua de tu ducha que lava todo menos las células más fuertes y funcionales de tu cuerpo; mientras te cepillas los dientes experimenta todos los sistemas de tu cuerpo que se encuentran fuertes y frescos. No lo hagas simplemente con uno de tus rituales de la noche, hazlo con todos. Especialmente antes de dormir, puedes instruir a tu subconsciente y a tus sueños para que trabajen para ti si trabajas conscientemente en tu nuevo estado antes de perder la conciencia y entregarte al sueño.

Claro que esto no será fácil, sobre todo al comienzo. Tendrás que centrarte de nuevo en tus sentidos para considerar tu nuevo estado. Sin embargo, te darás cuenta que entre más lo hagas, tu intuición te dará cada vez más información que te ayudará a crear los cambios que deseas a medida que realizas tus rutinas. Es posible que empieces a notar que ciertos alimentos, actividades o tratamientos llegan a tu conciencia durante tu rutina. Puedes estar más alerta en cuanto a los recuerdos que pueden haber contribuido al problema o que pueden contribuir a la solución. Tal vez descubras que tu cuerpo recuerda haber sido de una edad en la que eras saludable, delgado, feliz, equilibrado o cualquiera que sea el cambio que estés tratando de lograr. Tus recuerdos son herramientas de sanación interesantes, porque con frecuencia pueden darnos toda una experiencia real para nosotros de lo que queremos lograr ahora para nuestros cuerpos. Incluyo las emociones en la sanación física dado que yo (como muchos médicos) he podido observar que gran parte de lo que pensamos que es un sentimiento emocionalmente doloroso se encuentra realmente en nuestro cerebro, en nuestro sistema endocrino o es simplemente un trastorno de nuestro organismo en un estado de enfermedad. De nuevo, sin estudiar la *Anatomía de Gray* (el libro, no el programa de televisión) para determinar cuál de nuestros sistemas corporales no funciona en su mejor forma, la intuición te dará una solución. Puede ser tan sencilla como respirar de forma más consciente o tan compleja como hacerte un examen del nivel de glucosa en tu sangre para asegurarte de no tener diabetes. Aunque hay muchos informes confirmados de sanaciones físicas milagrosas, es indispensable obtener la atención médica adecuada mientras creas tu milagro. A veces la medicina *es* el milagro.

Muchas de las personas menos sanas que conozco están aferradas a la idea de que deben sanar, perder peso, rejuvenecer o lo que sea que procuren lograr en una determinada forma. La rigidez se convierte en una enfermedad. Los vegetarianos se enferman, y mi abuelo, Dios lo bendiga, vivió hasta los noventa y nueve años fumando tabaco, comiendo pescado ahumado y torta de harina, huevos y mantequilla. Si escuchas la intuición de tu cuerpo y luego ensayas algunas cosas, para comprobar qué funciona y qué no, encontrarás tu camino específico de sanación.

Experimentarte como sanado no significa que tengas que dejar lo que está mal ni dejar de tratarlo. Significa que harás todo lo que sea responsablemente necesario (consultar a tu médico, adoptar una buena dieta, practicar ejercicio, evitar el sol, dependiendo de lo que esté cambiando en tu cuerpo) mientras mantienes la experiencia de ti mismo, ya sanado.

Es una falacia que sólo se pueda tener un estado de conciencia. De hecho, quienes utilizan las potencias de su ser a plenitud han desarrollado la capacidad de mantener experiencias y sentimientos contradictorios en sus conciencias sin que entren en conflicto. La capacidad de hacer esto te permite la plenitud de ser quien eres, junto con tu propio ser, para negociar un mejor estado de unidad. Hay sabiduría en la enfermedad, en el envejecimiento y en la disfunción. Están tratando de decir algo a lo que debes responder para que puedan surgir tu felicidad y tu bienestar. Su mensaje no debe disiparse antes de que haya sido aprendido; sin embargo, insistir en un estado de sanación ya alcanzado, acelerará este proceso y ayudará a tu cuerpo a revelarte más clara y más rápidamente su sabiduría.

Un pensamiento final mientras comienzas a controlar el mundo desde tu sofá...

Estoy segura de que si te has entrenado con este libro, ahora te sientes ya a gusto con tu propia capacidad de obtener información confiable utilizando tu intuición. También puedes haber descubierto la maravillosa libertad que se adquiere al poder viajar, negociar y experimentar cualquier persona, cualquier lugar y cualquier situación en cualquier momento, con tu intuición. Verás que a medida que utilices estas técnicas y procesos de manera consistente, comenzarás también a individualizarlos para tu estilo de atención personal y para suplir las necesidades de tu familia, tus clientes, tu empresa o tus proyectos.

Me fascinaba la clase de historia. La maestra me daba mi objetivo —por ejemplo, la antigua Roma— y yo me iba allí, comía la comida, olía el aire y conocía a la gente. No es coincidencia que mi apartamento de Roma esté en la zona de dormitorios de los antiguos centuriones. Son mis viejos amigos. Cuando camino por las calles, camino a través de miles de años de percepciones.

El desarrollo de cualquier parte de ti —de tus emociones, de tu intelecto, de tu intuición, de tus relaciones o de tu capacidad de crear el éxito en el mundo— enriquece cada átomo de tu ser en una forma que las palabras no pueden expresar. Espero sinceramente que, junto con algunas nuevas herramientas para alcanzar el éxito en tu vida, hayas encontrado el placer de tus propias percepciones ampliadas. A los veinte años, todo lo que hacía tenía un objetivo, cualquiera que fuera su costo, y lo que contaba era esa meta. A los cincuenta, mi objetivo es el goce. El amor.

Sigue entrenándote. Tendrás momentos, como los tengo yo, en los que, con frecuencia, la intuición se escapa un poco hacia el sur porque te estás esforzando, valientemente, con algún nuevo problema en tu vida. Es en estos momentos cuando necesitas más de este libro. La disciplina y el rigor de la práctica metodológica te volverán a encarrilar cada vez. Yo utilizo este libro al igual que el de *Welcome to Your Crisis* y *The Circle,* todos los días. Aunque los escribí, tengo la necesidad de repasar sus páginas para poner orden en mi proceso. La vida es a veces abrumadora y contar con un sistema es la cura para la confusión. Me encanta la imaginería de *decoupage* visual en las cubiertas o en las cubiertas interiores de mis libros de manera que puedo involucrar la vista para indicarle a mi subconsciente y a mi intuición la dirección de mi objetivo. Con frecuencia perfumo mis libros y los pongo en un lugar donde los pueda ver, junto con mi diario y mi espacio de sanación.

No quisiera sonar como una escritora de libros de autoayuda, pero *la vida nunca es perfecta* y *la vida siempre es perfecta.* Usa lo que tienes ahora, suspende los juicios y establece tus objetivos sobre lo que quieras crear. Uno de mis mejores amigos tuvo un gran éxito y luego sufrió un fracaso, muy temprano, en su vida profesional. Lo que lo hace ahora tan exitoso es que aprendió a recuperarse de su propia falibilidad y a manejar la falta de confiabilidad del mundo a su alrededor a una edad muy temprana. Esto también lo ha hecho un joven muy sabio, intuitivo y rico (en dinero, amigos y familia).

Creo que mi talón de Aquiles fue haberme aferrado al control y a la perfección por demasiado tiempo. Me quedé estancada. Recibí unos cuantos golpes muy reales hasta que al fin aprendí que fallar puede ser un estímulo para algo nuevo y mejor. No estamos dispuestos a dejar de aferrarnos a lo que tenemos (ver *Welcome to Your Crisis*) aún, *y especialmente,* a las cosas malas.

La intuición te ayudará a controlar y predecir el mundo que te rodea y a obtener lo que crees que quieres para llegar más lejos más pronto y con menos errores. Sin embargo, tómalo con calma para disfrutar las debilidades, las vulnerabilidades, los "fracasos" que crean el espacio para que llegues a un éxito que ahora ni siquiera puedes imaginar. Hay un momento para dirigir, para saber, para administrar y un momento para soltarse, para permitir que tu intuición entre en piloto automático, manteniéndote segura mientras cedes el control por el tiempo suficiente para encontrarte en un nuevo territorio para el que podrías haber tenido un patrón demasiado rígido, haberte sentido asustado o tal vez contento de aproximarte en otras circunstancias.

Procuro mantener mis creencias por fuera de mis escritos y de ceñirme a lo que funciona. Pero aquí, para mi cumpleaños número cincuenta, me daré como regalo el compartir contigo una creencia, una creencia que ha demostrado ser cierta para mí ya sea que la esté usando para que una empresa se torne competitiva o para ceder en los momentos en los que preferiría tomar:

Todos somos una misma energía.
Tu éxito es el mío y el mío es el tuyo.
Todo lo que escribo es simplemente una parte de ti
que tú ahora estás dispuesto a escuchar.

Me encantan tus correos electrónicos y tus intuiciones. No dejes de contactarme en www.practicalintuition.com y healingday@aol.com.

Son nuestras comunicaciones privadas. Los atesoro.

Con amor,
Laura Day

Agradecimientos

Primero y ante todo, este libro es mi legado para ustedes, para mis lectores. ¡Ahora podrán hacer lo que sus empresas me contratan para que haga! Voy a buscar un nuevo trabajo de día. Sus solicitudes de una explicación lineal para un proceso no lineal, me obligaron a disecar el don de la intuición y escribir este libro. Gracias por sus preguntas, sus quejas, sus correos electrónicos y por compartir sus historias y sus vidas conmigo.

En segundo lugar, he sido bendecida con amigos devotos, graciosos, encantadores, con muchos de los cuales trabajo. A las primeras tres las llamo mis tres jotas mágicas: Johanna, Judith y Jennifer.

Johanna Castillo ha hecho que la publicación de este libro, me atrevo a decirlo, ¡haya sido algo divertido! Siempre te luces en todo lo que haces. Gracias por ti... por ser tú.

Judith Curr, vicepresidente ejecutiva de Atria Books, es una de mis intuitivas favoritas que sabe cómo hacer que todo salga tal como debe salir. Gracias.

Mi amiga, agente y comandante suprema, Jennifer Rudolph Walsh: ¿Cómo manejaba yo mi vida sin ti? Me has ayudado a todo lo largo del camino, bien, tal vez sea demasiada información para el lector, pero ni siquiera mi madre me hizo un seguimiento tan de cerca como lo has hecho tu.

Margaret Riley, pronto hará tambalear el mundo: gracias por resolver siempre con paciencia cada escollo del camino, con eficiencia, inteligencia y bondad y por asegurarte de que nadie se dé cuenta de que no sé ortografía.

El Dr. Frank Miller, uno de los hombres más sabios y amables que conozco y mi prototipo de lo que uno debe buscar en un ser humano: no hay palabras para expresar mi gratitud. Una gran parte de su sabiduría está en este libro y en todo lo que hago.

David Globus, mi padre, para quien noventa y ocho en un examen es una calificación a la que le faltan dos puntos: nunca habría podido sacar conejos de un sombrero sin ti. Te adoro.

Mi madre Vivian Globus, de venerable memoria: me enseñaste a ver el futuro y me diste el valor para vivir en el presente. Vives en mi corazón.

Gracias a tantas personas que no he mencionado aquí. He sido bendecida con su amistad. Me sostienen en mis momentos oscuros y me dan buenos momentos. Gracias a todos.

Un agradecimiento especial a mi hijo, la mayor bendición de mi vida, quien es ya un hombre, que tiene la paciencia de decirles a todos que su madre es una intuitiva y que es lo suficientemente grande como para ayudarme a llevar mi pesado equipaje. Te quiero. Eres mi sol.

Acerca de la autora

LAURA DAY es una escritora bestseller del *New York Times*. Por más de veinte años ha ayudado a su clientela global de celebridades, científicos, altos ejecutivos y otros profesionales a utilizar el poder de la intuición para alcanzar sus sus sueños.